PAPIERS

SAUVÉS

DES TUILERIES

OUVRAGES DU MÊME AUTEUR :

UNE CURE DU DOCTEUR PONTALAIS

1 vol. in-18, prix : 3 francs

MADAME FRAINEX

1 vol. in-18, prix : 3 francs

Paris. — Typographie Alcan-Lévy, rue Lafayette, 61

PAPIERS

SAUVÉS

DES TUILERIES

SUITE A LA CORRESPONDANCE

DE

LA FAMILLE IMPÉRIALE

PUBLIÉS PAR

ROBERT HALT

Attaché à la Commission du dépouillement des papiers impériaux

PARIS

E. DENTU, LIBRAIRE-ÉDITEUR

PALAIS-ROYAL. 17-19, GALERIE D'ORLÉANS

1871

PRÉFACE

Voici une certaine quantité de documents de toute nature recueillis aux Tuileries, pendant mes quelques mois de travail dans la commission du dépouillement des papiers impériaux.

C'est, avec les vingt-cinq fascicules déjà parus et le peu que pourront, de leur côté, éditer mes confrères, tout ce qui sera sauvé de cette collection curieuse.

La publication en avait été interrompue pendant le règne de la Commune par le départ de l'éditeur, je crois, et par quelques autres causes. Elle devait reprendre, réparer le temps perdu, quand les Tuileries ont brûlé. On pense bien que cet amoncellement de papiers n'y a pas nui; les flammes ont été, dit-on, particulièrement soignées du côté du lieu qu'ils occupaient : c'étaient les quatre premières pièces de l'appartement de l'empereur, au rez-de-chaussée, en tirant du pavillon de l'Horloge vers le pavillon de Flore.

Logés là une première fois, transportés ensuite au premier étage dans la salle du Trône et celle attenante, dite salon Louis XIV, ils furent, en janvier, pour faire place à une ambulance, redescendus au rez-de-chaussée. Ils n'en devaient plus sortir qu'en fumée.

Des milliers de documents, environ soixante mille, ont été anéantis pour l'histoire.

La perte des pièces diplomatiques surtout est déplorable. Il ne restera que quelques bribes des négociations personnelles de l'empereur, et relatives aux guerres de 1866, 1870, à celles du Mexique [1], d'Italie et à la question romaine.

La perte des pièces scandaleuses n'est pas moins regrettable. La curiosité publique a reproché à la Commission de cacher les scandales. Il en existait en effet; non pas peut-être de ceux qu'on imaginait, et que d'ailleurs l'empire, au moment de son départ, avait facilement pu emporter ou détruire (les cheminées des appartements impériaux, au lende-

---

1. Le dossier du Mexique est, dit-on, sauvé.

main du 4 septembre, étaient pleines de petits papiers en cendres). Mais quelle révélation d'intimités eût valu en intérêt celle, par exemple, de lettres d'instituteurs qui sont, comme on le sait, des fonctionnaires publics chargés chez nous d'élever à la vie de l'esprit plusieurs millions de petits Français, et qui eux-mêmes, à en juger par leur correspondance, se trouvent être de véritables brutes sans ombre d'idée, sans science, sans conscience, sans orthographe, sans pain, — tels enfin que les a voulus la haute sagesse de nos plus grands hommes d'État, depuis le premier empire jusqu'à nos jours inclusivement, où le budget de l'instruction française va se voir énergiquement réduit, « pour les économies indispensables à la régénération de la patrie ! »

La Commission n'aurait certainement pas manqué de publier quelques-unes de ces scandaleuses lettres.

Elle se préparait à y ajouter le très-volumineux dossier d'un Corps illustre, plus brillant, plus doté que jamais au moment où nous sommes, et dont les membres dorés mendiaient par troupeaux à la porte de la Liste civile. Les demandes allaient de 300 fr. à 30,000, suivant la dignité de la personne, sans varier d'ailleurs dans la forme : « Reconnaissance éternelle, inaltérable attachement au service, à la gloire de Leurs Majestés, offre de son sang jusqu'à la dernière goutte pour le maintien de la dynastie. »

Les réponses étaient identiques aussi. Plus que rarement un refus à ces espoirs du Trône. Et d'habitude une façon de donner qui relevait d'autant les charités de la cassette, et pouvait changer le chiffre des sommes accordées : on allait en effet recevoir des mains mêmes du dieu ; toute cette mendicité était appelée à la suite dans le cabinet impérial ; elle s'inclinait profondément trois fois suivant l'étiquette ; l'empereur ouvrait alors, de la meilleure grâce, un large tiroir plein de billets de banque, en disant : « Servez-vous, monsieur, » puis tournait délicatement le dos jusqu'à ce qu'on se fût servi.

Sans aucun doute encore, la Commission eût mis au jour les sollicitations de croix d'honneur, malgré le temps qu'il y eût fallu.

Ah ! quels cris de nature ! Quels symptômatiques accents malheureusement perdus, s'ils ne devaient se retrouver bientôt ! Nous les entendrons de nouveau demain avec tout ce qui s'ensuit. Mais il y avait là amassée, étiquetée, une somme d'observations beaucoup plus que suffisante pour permettre d'en tirer suivant toute la rigueur scientifique les conclusions suivantes :

1° Que l'idée du ruban est aujourd'hui une des idées pivotales du cerveau français ;

2° Que l'institution de la Légion d'honneur a amené dans ce pays un état pathologique dont il lui est bien difficile de guérir, à moins qu'à cette heure où tout le monde parle de lui rendre quelque virilité, un sage médecin politique ne se hâte de décorer les Français qui le voudraient bien, tous, d'un seul coup, héréditairement.

Il est vrai que cette mesure de salut public rencontrerait des obstacles : l'Allemagne, par exemple, qui ne le permettrait pas. Et d'ailleurs, où est le médecin ? Où le prendre dans cette marée montante d'entreteneurs de gangrène, conservateurs de purulences ? Un moment le naïf, le fol espoir de quelques esprits altérés de santé publique, de bon sens, de sagesse, d'honneur, a cru l'avoir trouvé, le tenir ; il est mort presque aussitôt de mort violente, tué raide comme on tue les chiens et les perfectionneurs de monde.

Les documents qui suivent ne contiennent pas grande trace de ces trois lèpres nationales, dont il faut détourner les yeux, si on ne veut pleurer le reste de ses larmes, et douter que notre malheureuse, notre chère, notre grande race demeure, même aujourd'hui, par les côtés sains de son être, le seul instrument des justices futures et le véritable espoir de la terre. Mais je crois pourtant que ce volume intéressera.

Je me suis attaché à n'y mettre ni beaucoup d'ordre, ni longs commentaires : la variété des morceaux, en effet, est une partie de l'agrément de ces sortes de recueils, et c'est manquer de politesse envers le goût de son hôte que de lui dire : ceci est du doux et cela du salé.

R. H.

Paris, septembre 1871.

PAPIERS SAUVÉS

DES TUILERIES

SUITE A LA CORRESPONDANCE

DE LA FAMILLE IMPÉRIALE

I

Note adressée à **M.** *Conneau.*

Sans signature, mais de l'écriture d'un homme connu par ses
démêlés avec un ministre de l'Empire, et qui, à la suite, s'était
fait un des pourvoyeurs de la police impériale.

Quelque défiance qu'inspire une note de police, celle-ci semble
mériter créance, tant l'homme qui mène cette *conversation*
orléaniste est pris sur le vif. On dirait le discours sténographié.

CONSPIRATION OU CONVERSATION

Vers le mois de juillet de l'an passé [1], une dizaine de généraux se rencontrèrent dans une campagne appartenant à

1. 1869.

M. Léon Say, gendre de M. Édouard Bertin, avec une douzaine de grands personnages politiques. Le plus éminent de ces derniers leur tint à peu près ce langage :

« Messieurs, nous sommes des hommes sérieux et nous pouvons parler sérieusement ; nous nous respectons et nous nous estimons trop mutuellement pour qu'il soit question de conspiration. Je n'ai jamais conspiré de ma vie et ai toute conspiration en horreur. Je ne parlerai de l'Empereur qu'avec tout le respect qu'il mérite et qui lui est dû. Votre devoir est de lui conserver obéissance et fidélité, et ce n'est pas moi qui engagerai jamais personne à trahir son devoir. Mais enfin, tous nos devoirs accomplis, nous conservons notre intelligence personnelle, et en examinant le passé et le présent, nous pouvons faire quelques conjectures sur l'avenir. Supposons donc, cela n'a certainement rien d'irrespectueux, que l'Empereur vienne à mourir de mort naturelle ou de mort violente.

Il pourra arriver deux choses : ou bien l'Impératrice prendra naturellement et sans secousses les rênes du gouvernement et alors tout va bien, c'est la meilleure solution, la plus désirable, et ce n'est pas moi qui y ferai la moindre objection. Ou bien, et on peut aussi faire cette supposition (notre pays nous a ménagé de plus grandes surprises), il pourra y avoir de la fièvre dans Paris, les clubs en permanence, le peuple et la bourgeoisie dans la rue. Alors, que fera l'armée ? Elle soutiendra sans doute l'Impératrice et le jeune prince, c'est son devoir rigoureux. Mais jusqu'à quelle limite les soutiendra-t-elle ? Tuera-t-elle quinze ou vingt mille hommes ? Prendra-t-elle un bain de sang ? Deviendra-t-elle une armée de janissaires ou de prétoriens en horreur au pays ? Un tel triomphe est-il enviable ?

(*Non ! non !*)

Et si on apprenait le soulèvement de Lyon, de Marseille, de Bordeaux, de Toulouse, de Rouen, de vingt autres villes ? Si l'armée elle-même passait à l'insurrection dans la personne des soldats, des sous-officiers et des grades inférieurs ? Et cela est possible ; l'Empereur, vu l'état actuel de l'Europe, ne peut plus faire la guerre, je vous l'affirme, et dans ce cas on peut prévoir que les jeunes ambitions de l'armée se tourneront du côté de l'insurrection. Alors quelle sera votre position et celle de la France ?

(*Pas belle, pas belle !*)

Non, pas belle. Un gouvernement provisoire ou comité de salut public pourra, après la victoire, faire appel au peuple, et vous savez que le peuple acclame toujours le vainqueur. Quelle sera alors la position de l'armée ? Elle sera radicalement rasée dans ses hauts grades et décimée dans les grades moyens. L'armée n'a pas eu à se plaindre de la révolution de 1830, car alors elle était populaire ; elle n'était pas impopulaire en 1848 et s'est assez vite remise de cette crise. Mais aujourd'hui il faudrait être aveugle et sourd pour ignorer quelles seraient les dispositions du parti triomphant envers l'armée. On lui reproche assez durement le deux décembre. Que serait-ce après des griefs nouveaux ? Les grades supérieurs seraient non-seulement dépouillés de leurs droits civiques et peut-être de leur fortune au profit des victimes de décembre, et iraient mourir à Cayenne. Voilà ce qui attend l'armée vaincue, et la haute administration partagerait son sort et nous *tous* aussi probablement. En doutez-vous ?

(*Non ! non !*)

Eh bien, je crois que l'armée, tout en faisant son devoir,

ne devrait pas pousser les choses à l'extrême. Quand elle verrait que l'émeute est une véritable révolution, que le sentiment public se montrerait clairement, elle devrait résolûment, étant encore maîtresse des fortes positions de Paris, proclamer la république.

(*La République ?*)

Oui, la république. Il n'y a que cela de possible. Il ne faut pas s'épouvanter d'un mot ; un gouvernement est ce que sont ceux qui le dirigent, et la république peut être un bon gouvernement constitutionnel. Si, par exemple, l'armée non vaincue ni irrévocablement brouillée avec le peuple, ayant toute sa force, proclamait le duc d'Aumale lieutenant-général de la république (l'armée n'a pas oublié les éminentes qualités administratives, libérales, militaires de ce prince), tout pourrait être sauvé : l'armée et le pays. Armée, commerce, propriétaires se rallieraient à lui, et sa position deviendrait vite prépondérante. En doutez-vous ?

(*Silence.*)

Croyez-vous qu'on pourrait obtenir le même résultat avec le prince Napoléon ?

(*Non, non !*)

Eh bien ! c'est tout ce que j'avais à vous dire. Réfléchissez-y. Ce n'est, au surplus, qu'une simple conversation. »

On y réfléchit si bien que, dans le mois suivant, quarante-cinq suivant les uns, quarante-sept suivant les autres, officiers supérieurs, firent présenter leurs hommages et les assurances de leur dévouement à Twickenham, prenant d'avance leurs billets pour avoir de bonnes places à la future représentation.

En 1866, étant à Bruxelles, M. Campan, ancien directeur du *Courrier de la Gironde*, me dit que le duc d'Aumale voulait me voir. J'allai le voir et je fus enchanté de ses manières simples et affables. Il me dit qu'il avait de nombreux amis dans l'armée et me lut quelques lettres ; mais elles étaient bien antérieures, comme on voit, à la conversation de juillet 1869. Il me dit que la république était évidemment notre gouvernement futur, et que le comte de Paris, s'il revenait en France, ne prendrait d'autre titre que celui de représentant du peuple. Je me suis demandé souvent pourquoi l'Empereur, qui y a bien quelques droits, n'ajouterait pas ce simple titre, assez significatif, à son titre d'empereur. Enfin, le duc m'invita à aller passer une quinzaine à Twickenham ; je n'y allai pas, faute d'argent.

II

Lettre du duc de Larochefoucauld-Doudeauville au Prince-Président sur la confiscation des biens d'Orléans, et sur l'Université.

Le duc, par habitude légitimiste sans doute, traite Louis-Napoléon d'Altesse *Royale*.

Monseigneur,

La mesure prise par Votre Altesse Royale, au sujet des biens de cette famille qui n'use de son immense fortune que pour agiter la France, est un acte de justice, aussi sagement conçu qu'habilement exécuté.

Le considérant est parfait comme la vérité.

Les orléanistes écument de rage. C'est tout naturel.

Quelques aveugles se mettent à la suite des d'Orléans. On pouvait s'y attendre.

L'opinion générale finira par faire justice de toutes ces récriminations et de toutes ces folies.

En marchant avec persévérance et sagesse, on atteint toujours son but. Il est beau et grand de tout braver pour y parvenir.

Avais-je tort de dire à Votre Altesse Royale que, dans ses conseils, il existait encore certain esprit orléaniste ?

Mais, Monseigneur, c'est sur les hommes d'ordre qu'il faut s'appuyer à tout prix pour *le* consolider en France ; et quand on met forcément et *justement* contre soi beaucoup de mécontents, il faut mettre pour soi ceux qui ne conspirent jamais, et qui ne troublent l'ordre sous aucun prétexte.

J'ose donc encore, Monseigneur, vous en conjurer, dans votre intérêt comme dans celui de la France, identifiés aujourd'hui, revenez sur l'obligation du serment, inutile pour ceux qui sont toujours prêts à en prêter un nouveau, — fâcheux pour ceux qu'il éloignera.

Ce n'est pas tout.

M. le Prince de Condé avait laissé *Ecouen,* en y affectant cent mille livres de rentes, pour les fils des Vendéens.

N'hésitez pas, Monseigneur, à accomplir cet acte de justice sur les biens d'Orléans, qui doivent rentrer à l'État.

Ce conseil est d'autant plus désintéressé dans la bouche d'un légitimiste, qu'il donnera beaucoup de partisans à Votre Altesse Royale et fermera bien des bouches.

Pour achever son œuvre de régénération et de réparation, des partisans, en dehors de ses familiers, lui sont indispensables.

Toujours ma conscience dictera mes conseils, lorsque j'oserai les offrir.

Frapper l'Université, refuge de toutes les idées athées et révolutionnaires, donnera tout le clergé à Votre Altesse Royale, et cet appui est immense.

Diminuer aussi, par suite, le nombre des bourses, serait une mesure sage, afin de diminuer aussi le nombre de ces aspirants qui bouleversent le pays pour avoir des places.

Oter de Paris toutes les écoles militaires serait une mesure de haute sagesse.

Donner aux jeunes filles, dans les écoles du Gouvernement, Saint-Denis, etc., une éducation plus sérieuse que futile, serait bien important, dans l'intérêt de la morale. On leur apprend à séduire sans leur donner le moyen de vivre.

Je joins à cette lettre un article qui m'a été refusé à Paris (*non pas par la censure*), et que j'ai fait imprimer dans une gazette du Midi. La haute sagesse de Monseigneur comprendra que, pour conserver une influence utile et vraie autant qu'impartiale, et pouvoir parler haut, je dois rester toujours sur mon terrain. Et , d'ailleurs , « fais ce que dois , advienne que pourra. »

Monseigneur me pardonnera mes vœux. Puisse Dieu les lui inspirer !

On dit que dans la nouvelle loi électorale, le domicile pour les candidats sera exigé. Ce serait une faute.

Je suis,

Monseigneur,

de Votre Altesse Royale,

le très humble serviteur,

LAROCHEFOUCAULD, duc de DOUDEAUVILLE.

Paris, le 25 janvier 1852.

III

M. Grégory Ganesco, à l'Empereur.

Paris, le 30 janvier 1870.

Sire,

N'ayant ni le goût ni l'habitude de faire à personne de révélations mystérieuses, mais voyant le flot orléaniste monter vers les Tuileries pour y submerger le trône napoléonien, j'ai publié hier soir, dans le *Parlement*, la première partie d'un travail que Napoléon III, et comme Souverain et comme Père, fera peut-être bien de daigner lire.

Les orléanistes sont gens sagaces en m'empêchant de servir l'État ; l'Empereur, lui, me permettra, sinon de Le convaincre du péril, au moins de L'en avertir.

Je suis, Sire, de Votre Majesté,
Le très obéissant, très dévoué et fidèle serviteur et sujet,

GRÉGORY GANESCO,
Conseiller général.

IV

Note au crayon trouvée dans le buvard de l'Impératrice.

Qui a tort ! Ce n'est pas nous.

C'est, dit un peu longuement et lourdement le morceau, c'est la parcimonie des Chambres à l'égard du budget de la guerre qu'il fallait augmenter ou diminuer de quatre à cinq cent millions, suivant qu'on aurait voulu une France glorieuse, ou une France réduite à l'état de puissance de troisième ordre.

QUI A TORT ? —
ÉCONOMIE AU BUDGET.

On veut être une grande nation, ou on se contente de la vie heureuse et modeste *de la Suisse ;* on règle alors son budget en conséquence, et on peut être heureux. Mais quand on veut tenir dans le monde un rang d'une grande nation, le budget ne saurait être le même. Il y a certaines charges qu'il faut savoir supporter en dehors des dépenses strictement productives et s'indemniser, se consoler par l'honneur et par la gloire.

On peut être la Suisse ou la Belgique et régler ses dépenses dans ce sens; on peut vivre heureux, mais modestement, sans éclat et sans gloire.

Mais si on veut être la France, à la tête des nations du monde, les dépenses ne peuvent être les mêmes et le budget doit différer.

Une famille bourgeoise peut vivre sans luxe, modestement vêtue avec une dépense médiocre, et avoir souvent plus de bonheur dans son obscure médiocrité; on n'exige rien ; mais personne n'en parle et ne s'en préoccupe. Mais si vous avez une position qui donne de l'éclat, des honneurs, si vous voulez les conserver, votre dépense n'est plus la même, votre budget doit être différent, et vous êtes forcé de vous rembourser en honneurs et en réputation des dépenses que vous coûte votre luxe ; mais la vie est moins paisible et souvent moins heureuse que celle du bourgeois modeste qui n'exige rien de personne et auquel personne ne demande rien.

Ce n'est pas ainsi que la France a voulu vivre; fût-elle Monarchique ou Républicaine, elle a voulu tenir son rang dans le monde, et par conséquent il lui faut un budget en rapport avec ses exigences.

Or, qu'est-il arrivé depuis longtemps? Les finances de la France, à la chambre et ailleurs, ont été réglées par des hommes honorables assurément, des hommes aux goûts modestes, faisant des bénéfices par l'économie de petites sommes, et réglant les affaires d'un grand Etat, comme ils règlent leurs petites affaires. On a dit souvent que les finances d'un grand Etat doivent aussi être réglées à la manière d'un bon père de famille. R'en n'est plus faux, et nous en avons aujourd'hui une affligeante mais éclatante preuve.

Or, qu'est-il arrivé entre autres choses ? La France, grande et puissante nation, va avoir besoin d'une armée pour maintenir sa grandeur et sa puissance, et la défendre contre des rivaux ambitieux et jaloux. Depuis longues années, la chambre, par l'organe de la commission du budget, s'efforce à rogner (*par tous les bouts*) le chapitre de la guerre. Le ministre dit : Pour maintenir l'armée à la hauteur des exigences du pays et de la situation des voisins, il me faut un contingent annuel de cent mille hommes ; on se récrie, on en offre difficilement quatre-vingts, et on transige à quatre-vingt-dix.

Le ministre demande un nombre de fusils équivalant à trois par hommes ; les financiers déclarent qu'ils n'en donneront qu'un et demi. Les fortifications sur la frontière sont nécessaires pour la défense du pays ; on détruit les places secondaires, entre autres Wissembourg... hélas ! !

Les financiers se félicitent d'avoir économisé... quelques millions. Le ministre de la guerre, de son côté, en est réduit à imaginer mille expédients pour suppléer, autant que possible, à ce qu'on lui refuse. Les soldats sont envoyés en congé, c'est autant d'économie ! Les officiers qui veulent s'instruire et voyager à l'étranger pour en rapporter des documents utiles, doivent le faire à leurs frais, et la modicité de leur solde ne le leur permet pas. Il serait trop long d'énumérer.

Il est bien évident que le devoir des chambres est de n'accorder des crédits qu'avec la condition qu'ils sont nécessaires ou au moins utiles.

Ce n'est pas ainsi que doivent agir des mandataires à la hauteur de leur mandat ; ils devraient envisager la situation de la France et l'éclat qu'elle doit avoir dans le monde, faire pour la guerre et pour le reste les sacrifices qu'exige la grandeur et comprendre que l'éclat et la gloire sont incompatibles avec la parcimonie, — ou l'on en arrive à vivre comme ces gens qui se promènent dans Paris dans un splendide équipage, et rentrent chez eux pour y trouver à peine le nécessaire (comble de la honteuse vanité).

Si l'on voulait entrer dans la voie d'une vie paisible, heureuse même, mais sans éclat, et en pensant qu'il suffit à la gloire présente du reflet de la gloire passée, ce n'est certes pas ainsi qu'on devait agir.

Il fallait que la commission du budget eût le courage de monter à la tribune, et exposant que la gloire passée suffit à la France, etc., etc., demander la réunion d'un congrès qui déclarerait la France un pays neutre au même titre que la Belgique et la Suisse. •

On eût réalisé du coup une économie de 4 à 500 millions en y ajoutant toutes les conséquences.

Et nous eussions, il est vrai, pu être heureux : mais il fallait franchement adopter un des deux partis.

En effet :

L'Allemagne...

Là s'arrête le manuscrit.

V

Lord Clarendon et le roi de Prusse.

NOTE DE LA MAIN DU GÉNÉRAL FROSSARD.

Lord Clarendon a vu et entretenu le roi de Prusse qui lui a dit : Je sais que la France est prête pour la guerre et que jamais ses armées n'ont été mieux organisées; nous sommes prêts aussi, mais je ne désire pas la guerre. La France aurait, sans doute, en entreprenant cette guerre, l'alliance de l'Autriche, parce que aujourd'hui il faut des alliances. Nous aurions les Russes avec nous; mais cette alliance russe ne serait pas agréable à la Prusse. Le peuple allemand n'est pas sympathique à la Russie, et nous aimerions mieux avoir affaire à la France seule et être seuls contre elle; mais cette guerre me paraîtrait regrettable; je ne la veux pas, et je ferai tous mes efforts pour l'éviter.

(Conversation avec l'Empereur.)

23 octobre 1868.

VI

Lettre au roi de Prusse.

Elle est sans signature, timbrée de Lyon, 7 septembre 1870.
La poste l'avait envoyée aux Tuileries.

L'enveloppe porte :

N° 8. *Recours en grâce.*
Personnelle.
A Sa Majesté le roi de Prusse, à son quartier-général en France.

Sire,

Permettez à un ennemi de l'anarchie, en position de bien
juger l'esprit public français, de vous adresser quelques réflexions sur la position où vous vous trouvez vis-à-vis de la
France.

D'abord, nul doute que si vous marchez rapidement sur
Paris, vous arriverez à vous en rendre maître ; peut-être la
résistance sera-t-elle plus longue que vous l'espérez ; de là
incertitude sur le résultat. En résumé, il me semble que vous
devriez, sire, traiter la paix en l'état actuel.

Voici quelques indications auxquelles vous devriez, ce me semble, avoir égard : Il faudrait moins vous attacher aux avantages pécuniaires ou territoriaux, qu'à certains principes à expulser; autrement vous courriez risque, avant peu de temps, d'avoir à lutter vous-même contre la démagogie à laquelle on fait déjà appel de la France dans vos États.

Ainsi : 1° Ne pas reconnaître le Gouvernement provisoire républicain qui vient de s'imposer à la France par des intrigants. Par conséquent, suppression de la République et des institutions qui s'y rattachent;

2° Rétablissement d'une monarchie héréditaire et absolue;

3° Faire voter le peuple français sur le choix de son souverain (la famille Bonaparte exceptée); tous les comices électoraux présidés par un de vos sujets, officier de votre armée;

4° Rétablissement de la noblesse héréditaire;

5° Une Chambre de députés nommée à raison d'un député par département, choisi par les conseils généraux;

6° Un Sénat choisi par le souverain;

7° Que Paris ne soit plus le siège du Gouvernement qui serait transporté dans une autre ville, Lyon par exemple, ou toute autre à votre convenance, à proximité de vos États. Cette ville ne serait pas fortifiée; vous y tiendriez une garnison de vingt mille hommes pendant un certain laps de temps;

8° Garnison, pendant cinq ans, de cent mille hommes de vos sujets à Paris, aux frais de la ville;

9° Suppression de la liberté de la presse, du droit de réunion, rétablissement de la censure, défense de s'occuper de la forme du Gouvernement et de la politique;

10° Recrutement de l'armée, limité à trente ou quarante mille hommes par an;

11° Compression des idées d'anarchie à Paris et, par suite, dans toute la France. Vous voyez déjà qu'on les propage chez vous. Hâtez-vous d'arrêter ce flot envahisseur dont le principal foyer est à Paris;

12° Démolition des places fortes de France avoisinant vos États;

13° Indemnité pécuniaire convenable, sans garder aucune portion de territoire; cela pourrait vous donner, plus tard, de l'embarras;

14° En cas d'insurrection dans Paris, faculté de venir la comprimer aux frais de la ville.

Assurez-vous, sire, votre tranquillité politique pour l'avenir. Point capital : proclamation de suite au peuple français à des millions d'exemplaires, que vous ne voulez que sauver la société de l'anarchie et des révolutionnaires dont le foyer est à Paris, que cette ville est seule coupable, qu'il faut la laisser livrée à elle-même, et je crois que vous aurez raison de toute résistance.

Voilà sommairement des idées sur lesquelles vous pouvez baser un traité de paix. Si vous venez à Lyon, sire, l'auteur de la présente pourra se faire connaître et vous donner d'autres indications précises. Soyez assez bon pour la conserver, afin que l'auteur puisse justifier de son identité.

Que Dieu vous protége.

VII

Lettre de M. Curtis à l'Empereur.

ACHAT DE JOURNAUX ALLEMANDS.

Paris, le 21 mai 1868.

Sire,

Suivant les ordres dont Votre Majesté a bien voulu m'honorer, j'ai l'honneur de transmettre par la présente, d'après mon appréciation personnelle, le détail des sommes qui, selon moi, seraient acceptées par les personnes avec lesquelles j'ai *communiquées*, sauf toutefois les modifications que Votre Majesté jugerait convenable d'y apporter.

Le Dr Sausen, *Journal de Mayence*, 5,000 francs par an.

Le nouveau journal à Spire, dont M. Sausen se chargerait, 3,000 à 4,000 francs par an.

Le *Journal de Coblentz*, 4,000 francs par an. — *L'Echo der Gegenwart*, Aix-la-Chapelle, 5,000 francs par an.

Le *Rheinsach Zeitung* de Cologne étant le journal le

plus important, pour s'assurer la coopération de son rédacteur, M. H. Burgers, homme d'influence, il serait peut-être,
Sire, nécessaire d'allouer 5,000 francs par trimestre, formant un total par an d'environ 22 à 23,000 francs.

Suivant les conventions prises avec ces messieurs, Sire,
je me suis engagé à leur faire parvenir les fonds par trimestre, et par l'entremise de diverses adresses à l'étranger
et notamment en Angleterre, de manière que l'origine de
cet argent sera parfaitement cachée. La distribution faite,
j'aurai l'honneur de remettre entre les mains de la personne
que Votre Majesté pourra désigner, les quittances de me
paiements. Je me chargerais volontiers, Sire, si Votre Majesté le désire, de prendre un abonnement sur chaque journal en mon nom, afin d'évitter d'atirer l'attention de la
poste Prussienne sur ces abonnements et, après réception,
de les faire parvenir à Votre Majesté, afin que le travail de
ces messieurs puisse être suivit par Votre Majesté.

Veuillez accepter, Sire, l'expression du plus profond respect de Votre Majesté le très humble et très obéissant serviteur.

CURTIS.

VIII

M. A. Beckmann au docteur Conneau.

Paris, le 23 septembre 1868.

Monsieur,

J'arrive de Vienne, j'y ai vu à plusieurs reprises le roi et la reine de Hanovre. Leurs Majestés m'ont chargé de vous exprimer leur vive gratitude de la bonne grâce avec laquelle vous vous êtes occupé de l'affaire de la loterie d'Osnabruck.

Sur ces entrevues et sur tout ce que je viens de voir en Allemagne, j'aurai à vous raconter des choses du plus haut intérêt. Je vous demanderai la permission d'aller vous voir un de ces jours à cet effet, mais je ne veux pas attendre un seul instant (tellement la chose me paraît être *importante*) pour vous adresser la brochure ci-jointe.

Elle a pour titre : *Quel est le véritable ennemi de l'Allemagne?* et elle paraîtra aujourd'hui ou demain à Munich. Elle fera certainement une sensation profonde en toute l'Allemagne, où elle sera jugée pour ce qu'elle est, c'est-à-dire un événement *considérable*.

L'auteur (le conseiller intime Klopp) y formule pour la première fois nettement cette vérité : ce n'est pas la France, c'est la Prusse qui est le véritable ennemi de l'Allemagne ; le sauveur de l'Allemagne doit être l'empereur Napoléon.

Je peux ajouter que ce mot d'ordre vient d'être adopté, non-seulement parmi les particularistes, mais aussi par toute la démocratie allemande ; nous verrons sous peu toute une campagne dans ce sens. Je profite de l'occasion pour vous renouveler l'expression de mon entier dévouement.

A. BECKMANN.

IX

Note sur les projets de la Belgique au moment de la guerre de 1870, adressée à M. Conneau.

Même écriture que celle de la Note 1.

Bara, ministre de la justice, député de Tournai, l'ami intime et le subordonné en loge maçonnique de Madier de Montjau, lui a dit que le comte de Flandre *s'occuppait* activement de la conclusion d'un traité prusso-belge.

Le comte de Flandre pense qu'observer la neutralité imposée par les traités, c'est s'exposer à être sacrifié par les deux parties; que le plus sûr est de s'allier à la Prusse qui, six heures après l'ultimatum, aura cent mille hommes dans les places du sud belge. Incorporation provisoire de l'armée belge. Le prix serait le Luxembourg et le Limbourg hollandais; la Hollande étant suspecte de penchant pour la France; peut-être, en cas d'un Sadowa, les départements du Nord et du Pas-de-Calais. L'armée prussienne marcherait droit sur Paris avec cinq cent mille hommes et compterait livrer bataille dans le département de l'Aisne.

Tel est le projet d'un traité à faire et peut-être déjà fait.

Mais on pense que l'Empereur reculera, et que tout cela aboutira à un ministère du 29 octobre, comme sous Louis-Philippe quand Guizot vint remplacer Thiers.

X

Note de la main   l'Empereur au sujet de la Belgique.

Les journaux belges qui, comme tous les journaux en général, ne sont pas les véritables représentants de l'opinion publique, disent qu'on est très ému en Belgique des bruits persistants d'union douanière. Véritablement, à qui donc veut-on faire prendre le change? L'union douanière ne peut profiter qu'à la Belgique en offrant quarante millions de consommateurs à quatre millions de producteurs; c'est donc la Belgique qui doit désirer cette mesure et non pas nous; car si nous désirions absorber politiquement la Belgique, nous n'aurions pas besoin de ce subterfuge.

XI

Note de la main de l'Empereur.

LE PEUPLE.

Dans les réunions publiques, dans les assemblées législatives, dans les journaux, on invoque souvent le peuple comme source de tout pouvoir et dont les instincts, les désordres, les volontés doivent être satisfaits et obéis.

Or, qu'est-ce que le peuple? Est-ce par hasard les cinq à six mille personnes qui se réunissent dans Paris au club ou à la Redoute et qui croient parler au nom de la France entière? Est-ce les salons, les ateliers? est-ce le (*illisible*) [1]? est-ce la jeunesse ivre d'enthousiasme? est-ce la vieillesse regrettant le passé? est-ce l'armée? est-ce le Corps législatif?

Non, le peuple c'est la masse entière de la nation, celle qui exerce le suffrage universel. Voilà notre maître à tous; et ces *colteries* qui s'appellent le peuple commettent un blasphème.

1. Sans doute le journalisme.

XII

Lettre de M. Mocquard à M. Eugène Loudun.

M. Eugène Loudun venait de terminer une étude sur les œuvres de l'Empereur, qui devait être publiée dans le *Constitutionnel*, après avoir reçu l'approbation de MM. de Morny et Fortoul. Il l'adressa à M. Mocquard, qui répondit par ce qui suit :

Monsieur,

Il est toujours fort délicat pour l'Empereur, vous le comprenez, d'être appelé à se prononcer sur des ouvrages où il est question de lui ; j'évite donc le plus possible de les lui soumettre. Mais Sa Majesté ayant bien voulu m'autoriser, en général, à les lire et à donner aux auteurs mon opinion lorsqu'ils me la demandaient franchement, j'ai cru devoir répondre à vos désirs et vous faire connaître ce que je pensais de votre article qui m'a paru fort remarquable.

Je n'en ai vu aucun jusqu'ici dans lequel l'Empereur se représente mieux et se peigne plus fidèlement par lui-même.

Permettez-moi seulement quelques réflexions que vous pro-
voquez d'ailleurs.

1° A la page 5, et au sujet de la révolution de 1688, repre-
nez le morceau composé par Sa Majesté, et vous y trouverez
cette pensée ou son équivalent, car je n'ai pas le texte sous
les yeux. « Les révolutions ne se terminent que quand elles
viennent d'en haut, jamais quand elles viennent d'en bas. »

Il serait bon, il me semble, de l'extraire et de lui donner
place parmi vos citations.

2° Page 24. Après l'énumération des différentes qualités
dont la réunion rendait surtout l'Empereur propre à gouverner, il faudrait mentionner ce qui manque à la plupart
des princes : l'épreuve de l'adversité, cette grande maîtresse
de la vie humaine.

3° Quand vous faites ressortir le mérite particulier du
style de Napoléon III, ne pensez-vous pas que le mot de
Tacite : *Imperatoria brevitas,* pourrait lui être appliqué ?

4° Lorsque vous faites remarquer qu'il n'a jamais d'eni-
vrement, ce que chacun a pu constater surtout pendant les
trente-trois jours de son ovation continue à travers les populations du Midi, ne pourriez-vous pas tirer quelque parti
de cette phrase du même auteur sur Vespasien, à sa rentrée
dans Rome après la conquête de la Judée : *In illo nihil tu-
midum, nihil arrogans, et in rebus novis nihil novum, ut
imperare posset magis quam vellet ?*

5° Page 25. Ces mots : *à la suite de la France,* doivent
être retranchés ; une haute convenance l'exige ; l'Empereur
lui-même les désapprouverait. Ils peuvent être franchement
remplacés par : « L'Europe confiante marchant de concert, etc. »

6° Même page. Supprimer le rapprochement avec
Louis XIV.

Je ne crois pas, Monsieur, ces quelques remarques sans fondement. Il vous appartient néanmoins de les rejeter ou de les admettre. Dans tous les cas, votre article reproduit par le *Constitutionnel* ne peut manquer d'obtenir le suffrage de ceux qui examinent de bonne foi et jugent sans passion ; vous n'avez donc pas besoin de la recommandation particulière de M. Courtillier, mais je ne remercie pas moins cet ancien ami de m'avoir mis à même de connaître l'un des premiers cet écrit dont je me plais à constater tout le mérite.

MOCQUARD.

XIII

Lettre de l'Impératrice à l'Empereur.

Palais impérial de Beylerbey.

Constantinople, le 7 octobre 1869.

Mon très cher ami,

J'ai encore le temps de profiter du courrier de Constantinople de mercredi pour te rendre compte de la journée d'aujourd'hui fort fatigante, mais aussi intéressante à bien des titres. J'ai été à l'église arménienne entendre la messe, et de là à l'ambassade de France où j'ai reçu les ordres religieux qui sont sous la protection de la France, et les notables du commerce français; leur député m'a fait un discours auquel j'ai répondu tremblant comme une feuille de saule; la population m'a fait un accueil incroyable; Turcs et Occidentaux ont fait de leur mieux.

Les femmes turques ont l'air de vouloir *jetter* leurs yasmaks par-dessus les moulins, mais j'espère qu'elles les garderont encore. Il faut d'autres générations à qui l'éducation puisse donner un frein contre la liberté pour que l'extrême licence ne vienne pas au bout.

Pauvre Metternich !

Je crois qu'il a à faire avec un fou [1], car il est impossible que la multiplicité des correspondances ne *l'absouent* pas, à moins qu'elle ne soit pire qu'une fille, ce que je ne puis croire. Dans tous les cas, on ne jette pas de la boue à pleines mains sur la mère de *ces* enfants, sans avoir la tête malade.

Je t'embrasse tendrement. Louis m'a écrit une ravissante lettre.

Ta **toute** dévouée,
EUGÉNIE.

1. Il s'agit ici du duel de M. de Metternich avec M. de B. qui, on se le rappelle, se battit encore avec deux membres du Jockey, pour défendre la réputation de sa belle-sœur, Mme de B.

XIV

Confession du prince Napoléon Camerata , au moment de son suicide.

Paris, le 3 mars, 10 heures du soir.

Au moment de mourir et de rendre mon âme à Dieu, j'ai cru devoir donner quelques explications sur ma conduite à ceux qui peuvent s'intéresser à moi. Je prie Napoléon, auquel j'adresse ces lignes, d'en faire faire des copies et de les remettre à l'Empereur, au prince Jérôme, à Mathilde, à mon père, à ma mère et à Joachim Clary. J'ai fait tenir en lieu sûr une copie de la présente pour aviser à tout événement.

En 1846, j'étais tranquillement à Strasbourg, où j'étudiais sérieusement. Ma mère m'appela en Italie, pour se décharger du fardeau de ses affaires. Son père venait de mourir. Depuis cinq ans elle avait grevé la terre de la villa de 600,000 francs d'hypothèques (Caisse d'épargne et Lévy) et il lui fallait 380,000 francs pour payer ses lettres de change.

Elle s'adressa à son mari, qu'elle n'avait pas revu depuis dix-huit ans, à mon père, pour lequel j'étais presque un étranger. Mon père lui vint en aide. On me fit donation de tout, et mon père me prêta les 70,000 piastres. Je m'engageais à payer à ma mère 8,000 piastres par an, sans compter d'autres conditions toutes en sa faveur. J'étais très jeune alors; ma mère avait été toujours bienveillante pour moi, je prêtai donc les mains à une affaire qui, en flattant mon amour-propre, devait ôter 380,000 francs à mon père pour les donner à ma mère; car à cette époque, pour moi, ma mère et moi je croyais que c'était la même chose. — Eh bien, aujourd'hui, au moment suprême dans lequel je me trouve, sur mon âme et sur ma conscience, ce contrat n'était pas juste, la part de ma mère était trop forte; en outre, il était immoral; en effet, examinez la situation qui m'était faite. J'avais vingt ans, j'allais me trouver à la tête d'une administration de 200,000 livres de rente, avec la perspective d'être très riche un jour, et n'ayant pour tout potage que la pension que me faisait mon père, c'est-à-dire 1,500 piastres par an, 7,500 francs!! Ce qui devait arriver, arriva. J'eus un grand crédit, je fis des dettes, je mis de l'ordre dans le désordre, et j'ai conservé jusqu'aujourd'hui une réputation d'exactitude en affaires, d'une exactitude toute commerciale, et je pus facilement emprunter sur toutes les places d'Italie où j'avais des affaires. Sur ces entrefaites, le prince Louis devint président. Ma mère vint à Paris; elle m'y fit venir plus tard. J'y restai quelque temps, mais vivant toujours sur l'avenir (je n'avais que 1,500 piastres de revenu). Je vis ma position s'empirer, et je n'avais pas à Paris, ville où je n'étais pas connu, le moyen de faire ce que je pouvais faire en Italie. Aussi, je retournai en Italie. Ce fut en vain que ma mère m'appela en me disant que je lui serais utile pour la conduite du procès qu'elle soutenait à Paris et dans lequel je n'avais aucune confiance.

En 1851, je passai par Paris pour aller à Londres, et j'eus l'esprit d'acheter à ma mère l'usufruit du parc et de la maison de Villa-Elisa, presque 100,000 francs. On crut que je l'avais volée ! Eh bien, depuis deux ans, l'on ne m'a jamais offert de la propriété entière que 50,000 florins papier, soit 100,000 francs, juste le prix que j'avais payé l'usufruit à une personne de quarante-six ans. Mais je n'ai le droit, dans cette affaire, de m'en prendre qu'à moi. Je me suis trompé, voilà tout. Si je raconte ces détails, c'est parce que dans le temps ma mère m'en a beaucoup voulu.

Le coup d'Etat de 1852 éclata ; ma position empirait en Italie. Il y avait six ans que je travaillais à faux; cela devait porter son fruit. Je vins à Paris; ma mère obtint un million; j'attendis longtemps qu'elle me fit quelque avance ; ne voyant rien venir, j'allais repartir pour l'Italie quand elle me poussa à entrer au Conseil d'Etat, et, en compensation, elle s'engagea à me prêter 150,000 francs dont je lui devais payer les intérêts et en garantie desquels intérêts je lui donnais le droit de saisir ma pension d'avance. Cette somme était insuffisante pour arranger toutes mes affaires, mais elle me tirait momentanément d'embarras ; et comme ma mère ne faisait que commencer à toucher son million, je reconnais qu'elle faisait un sacrifice en me prêtant une somme que je ne pourrais lui rendre que Dieu sait quand.

Depuis j'ai continué à dépenser. Mes revenus n'avaient pas augmenté. L'Empire se fit. L'Empereur distribua généreusement de l'argent aux membres de sa famille. J'espérais toujours quelque chose ; pourtant, indépendant par caractère, je ne savais rien demander tant que je pouvais me suffire à moi-même.

J'allai, je tentai la fortune plus, beaucoup plus que je n'aurais dû le faire. Je me fis un peu ce raisonnement, et je m'en accuse bien sincèrement : si je perds, on finira bien par payer pour moi. Je perdis, en effet; et mes pertes jointes à mon passif ancien, me constituèrent un déficit de 250,000 francs. Qu'avais-je à faire ? Les lettres de change pleuvaient, je n'avais plus la ressource que j'avais en Italie d'avoir plusieurs places de commerce à mon service ; je comptais sur mes parents, je laissai s'embarrasser outre mesure ma position ; ne pouvant plus tenir, je fis parler à l'Empereur, à ma mère, rien n'y fit. Je dois pourtant avouer que ma mère avait fait elle-même de grosses pertes ; mais elle aurait pu m'aider si elle avait voulu voir la gravité de la position et si elle n'y avait mis que de l'amour maternel. Je ne sais, mais j'avais tellement bien établi mon crédit que, jusqu'à ma mère qui connaissait mes affaires, chacun semblait me croire riche ! Amère dérision. Poussé à bout, je dis donc à ma mère : Si l'on ne me vient pas en aide, je serai obligé de fuir, je perdrai tout crédit, je serai perdu pour l'avenir, et qu'elle finirait par payer lorsqu'il serait trop tard.

On me répondit (Joachim peut l'attester) : Si vous fuyez, le scandale sera produit et on ne paiera pas. Que faire dans cette situation? Mener une vie misérable, avoir le remords d'avoir compromis dans sa ruine des gens qui avaient eu confiance en vous ! Je ne me suis pas senti la force de le faire. Un moyen me restait peut-être, arranger momentanément mes affaires et chercher un riche mariage. Je ne pouvais m'arrêter à ce parti. J'étais par principe contraire au mariage. Je n'avais jamais connu les joies de la famille.

Tout ce à quoi j'avais assisté chez mes parents ne me poussait pas à vouloir augmenter mes liens; outre cela, j'étais attaché de cœur à une femme à laquelle je dois rendre entière justice ; Marthe a été on ne peut plus dévouée pour moi ; non-seulement elle n'est pour rien dans ma fâcheuse position, mais elle m'a toujours donné de bons conseils et m'a donné des preuves de dévouement que je n'ai pas trouvées, je dois le dire, chez aucune autre personne de ma famille. Pouvais-je honorablement, aimant sincèrement une femme, aller en épouser une autre que j'aurais rendue malheureuse et à laquelle j'aurais pris son argent ? Non, *je puis me tuer*, mais non faire du tort aux autres.

Enfin, l'on pourra me dire : Mais pourquoi vous tuer ? Si l'on avait cru cela, on vous aurait aidé. Est-ce que l'on croit à ces choses-là ? Lorsque vous les dites, on se moque de vous et l'on croit que vous voulez faire du chantage.

Ma longue confession étant finie, je dois remercier sincèrement le prince Napoléon et M. J. Clary, pour les preuves d'amitié qu'ils m'ont données dans ces derniers temps. Je demande humblement pardon à mon père de tout le chagrin que je lui ai causé et que je lui causerai par ma mort ; je le reconnais trop tard, si en 46 j'avais suivi ses conseils, je n'en serais pas là. Je pardonne à tous ceux qui volontairement ou involontairement m'ont fait du mal, comme je prie que tous me pardonnent. Je conjure ma mère de payer tous mes engagements, *c'est pour que cela soit que je donne ma vie*. Elle ne me refusera pas ! car après tout elle est ma mère. Tout entre nous a été le résultat de notre éducation. *Elle* et *moi* avons été élevés seuls, solitaires. Des instincts *entiers* et *insociables* se sont développés en nous. Ne sachant faire aucune concession de part ni d'autre, n'ayant jamais un moment d'épanchement, et je m'en accuse bien sincèrement, nous en sommes arrivés, nous aimant tous deux, à avoir l'air d'être ennemis. Que Dieu me pardonne et que ma mère me pardonne, je le lui demande à genoux. J'ai été fort dissipé, mais non méchant; caractère difficile, je l'avoue, mais bon. Je demande une dernière grâce à ma mère, c'est que je sois enterré dans le parc de la Villa.

Le 3 mars 1853.

NAPOLÉON CAMERATA.

Pour copie conforme :

NAPOLÉON BONAPARTE.

Ceci est ma confession.

XV

*Le secrétaire général du ministère de la maison de l'Em-
pereur à madame Wyse (princesse Létizia Bonaparte).*

MINISTÈRE DE LA MAISON DE L'EMPEREUR ET DES BEAUX-ARTS.

CABINET DU MINISTRE.

Palais des Tuileries, le 5 mars 1864.

Madame,

J'ai l'honneur de vous écrire, au nom du ministre, qu'il
faut absolument que vous quittiez Paris sans aucun délai.

Sa Majesté a déjà fait connaître sa volonté à cet égard à
M. le préfet de police, et l'Empereur me charge de vous
prévenir qu'il est décidé à vous retirer la pension qu'il vous
fait si vous n'obtempérez pas, sur-le champ, aux ordres
qu'il a donnés.

Je suis, avec respect, Madame, votre très humble et très obéissant serviteur,

Le conseiller d'État, secrétaire général,

ALPH. GAUTIER.

Madame WYSE,

Hôtel d'Espagne et de Hongrie.

rue Taitbout, à Paris.

— —

Madame Wyse, princesse Létizia Bonaparte, à l'Empereur.

Sire,

Pardonnez-moi si je sors du silence que pendant quelque temps encore je voulais m'imposer, mais il faut que Votre Majesté sache ce qui se passe, ainsi que les indignités qu'on ose se permettre avec sa famille.

Vous ne pouvez ignorer, Sire, l'éclatante réparation que je viens d'obtenir par les tribunaux anglais, lesquels ont cassé le testament de feu mon mari, et m'ont fait rentrer dans mes droits d'épouse?... Fière du succès obtenu, que seule (et sans l'appui de ma famille qui me l'aurait refusé et que j'ai eu la fierté de ne point implorer), forte de mes droits, je suis venue à bout, à force d'énergie et de courage, à démasquer l'imposture et obtenir justice! Heureuse donc de la considération reconquise, je suis venue à Paris passer quelques jours avec ma fille et son mari, afin de leur faire partager ma joie et prendre en même temps quelques arrangements avec le maréchal Vaillant, lequel veut bien s'occuper de la fortune et de l'avenir (glorieux, j'espère) de mon brave Lucien! Je me préparais donc à retourner à Dublin, lorsque, sans l'avoir provoqué en aucune façon (puisque je vis dans la retraite près de mes enfants), je reçus la visite d'un agent subalterne de la police qui osa me dire, au nom du préfet, je crois, d'avoir à quitter immédiatement Paris!!! Votre Majesté, si elle se rappelle encore de l'orgueilleuse Letizia, peut aisément s'imaginer avec quel dédain fut traité cet individu, auquel je ne répondis même pas?... Mais le soir de ce même jour, je reçus la lettre ci-incluse que Votre Majesté ne pourra lire sans colère, car c'est elle qu'on outrage en outrageant ainsi son sang!!! Jamais on ne croira que c'est par votre ordre qu'on vient ainsi insulter la fille de Lucien, la nièce de Napoléon Ier, votre plus proche parente! et qui de plus a su, par la dignité de sa conduite, faire respecter même sa disgrâce!

Ah! Sire, je viens avec confiance vous demander protection et justice; car, qu'ai-je fait pour mériter pareil traitement? Est-ce en élevant mon jeune fils dans l'amour de la France et dans le vôtre? Est-ce en sacrifiant mon bonheur, en l'engageant à se dévouer à votre service? Est-ce en le rendant digne du nom de son grand-père et des éloges de tous ceux qui le connaissent que j'ai démérité de Votre Majesté? Est-ce, enfin, au moment où, désespérée du départ de ce noble enfant pour les Antilles, je venais chercher quelques heures de consolation près de sa sœur (dont comme tout le monde vous devez apprécier l'irréprochable conduite) que, sans avoir rien fait pour motiver pareil outrage, des valets, des subalternes viennent, en votre nom, disent-ils, me donner des ordres!! Si vous aviez à m'en donner, Sire, n'y a-t-il pas le ministre de votre maison pour me les transmettre convenablement? Non, cela n'est pas, cela ne peut être; vous ignorez toute cette intrigue! Vous ne seriez pas le grand souverain que vous êtes si vous vous plaisiez à

abreuver ainsi d'amertume votre cousine (que vous aimiez
jadis), qui vous a toujours été dévouée et qui a tant souf-
fert! Ne disiez-vous pas à mon Adeline, à Chambéry : « Il
serait temps que Létizia soit heureuse. »

Ah! Sire! ce dernier coup me brise, il me tuera, car du
(*sic*) la ruine, la mort, la publicité (*sic*) être mon partage,
jamais la fille de Lucien, une princesse de votre *sang*, la
femme qui a su rester digne et fière au milieu des persécu-
tions endurées, ne se laissera traiter ignominieusement!!
Vous me mépriseriez si, pour de vils motifs d'argent, je
courbais la tête ainsi qu'une coupable et si je consentais à
laisser supposer (ce que mes ennemis ont déjà essayé de faire
croire en ne me donnant pas mon nom) que je n'étais pas
la fille de votre oncle, Sire, mais bien celle du premier mari
de ma mère!!

Sire, mes affaires m'appellent en Irlande et mes affections
en Italie; je ne puis que souffrir, à Paris, dans la position
qui m'y ait (*sic*) faite! C'est donc un immense sacrifice pour
moi que d'y rester! Mais, après ce qui s'est passé, je ne puis
le quitter sans premièrement obtenir la réparation de l'in-
sulte reçue! Je me jette à vos pieds, Sire; qu'un mot de votre
part me console et me venge de ceux qui ont cru m'effrayer
en choisissant l'absence momentanée du général Türr, mon
gendre, pour me tourmenter.

Pardonnez-moi cette longue lettre, Sire, et plaignez les
souffrances de celle qui a l'honneur d'être, de Votre Majesté,
la plus que dévouée cousine et sujette,

Lady WYSE,
Née princesse LÉTIZIA BONAPARTE.

Paris, ce 8 mars, rue Taitbout,
Hôtel de Hongrie.

XVI

Lettre de la princesse Charlotte Bonaparte-Centamori
à l'Empereur.

La princesse Charlotte demande pour sa fille, Christine Stefanoni, qu'elle ne peut secourir sur sa faible pension, une somme de 1,000 fr. qui lui serait indispensable. (*Note du cabinet.*)

Nous laissons son orthographe à la lettre.

Sire et cher cousin,

J'espérais qu'une lettre que j'ai osé écrire à l'Impératrice aurait consolé mon cœur, qui est toujours avec une épine qui le fait souffrir, dans le doute ou que mes lettres ne vous aye pas été donné, ou qu'elle vous aye déplu! Sire, pardonnez-moi; et puisque j'ai la pensée que la personne a qui j'ai donné ma lettre pour l'Impératrice ne l'aye pas envoyé, je veus vous écrire encore; et aujourd'hui ce n'est pas pour moi; ce n'est pas pour vous dire que pour m'acquitter d'une dette il me faut me priver presque de toute ma pension[1] ; mais c'est pour vous exposer la peine où je suis de ne pouvoir pour un an au moins encore faire quelque chose pour ma pauvre fille Cristine Stefanoni, dont la situation a toujours été de plus en plus mal.

Aujourd'hui il ne s'agit pas de 5 ou 6 mille fr. pour la tirer de peine et lui faire un grand bien, mais seulement de mille fr. Oui, Sire, avec cette petite somme elle pourra attendre qu'ayant payé mes dettes, je puisse l'aider ; si Dieu me donne vie ce que je désire surtout pour cette pauvre fille qui n'a que moi pour soutien, j'ose espérer que cette petite demande vous prouveras qu'il faut avoir un amour de mère pour ne pas rougir de vous dire qu'elle en a le plus grand besoin, et que je ne puis pas la lui donner dans cette année et la prochaine par surplus de ce que je lui donne pour vivre. Sire, je n'ajoute pas autre chose ; si ma lettre arrive dans vos puissantes et bienfaisantes mains, j'espère que bientôt ma Cristine et moi recevrons de vous cette nouvelle preuve de vos bontés, car il y a quelques années vous lui en avez donné une plus grande encore ; mais aujourd'hui mille francs lui seront plus qu'alors trois mille. Cher cousin, pardonnez-moi, consolez-moi, exaucé-moi ; et croyez que rien cependant ne pourras jamais diminué ni augmenter la reconnaissance et l'amour de votre toujours dévouée de cœur et d'âme.

Votre CHARLOTTA.

Rome, ce 4 novembre 1861.

En marge : *Rien à faire. Décision de l'Empereur.*

1. Elle touchait 25,000 fr. par an sur la liste civile. Elle avait reçu en avril 1852, 100,000 fr.

(V. *Papiers et correspondance de la famille impériale*, 18me livraison, p. 54.)

XVII

Lettre de M. Francisque Michel à M. Mocquard.

Cette lettre et la suivante constatent l'envoi de documents dont MM. Francisque Michel et Lemercier ne sont pas sans avoir gardé copie, et qu'ils s'empresseront, sans doute, de nous rendre, aujourd'hui qu'ils n'ont plus de raison de se montrer agréables à M. Mocquard ou à M. Conneau.

La lettre porte en marge :

14 novembre 60.
Remercier.
Il n'y a pas lieu de publier.

Monsieur,

Invité à rechercher les lettres de S. M. l'Empereur Napoléon 1er qui peuvent exister dans la Grande-Bretagne, j'ai déjà fait plusieurs communications à la commission chargée de publier la correspondance de ce grand homme, et je prépare un nouvel envoi; mais au nombre des pièces que j'ai recueillies, il se trouve une lettre du général en chef de l'armée d'Egypte qui renferme des détails d'une *telle nature* que je n'ai pas cru devoir la joindre aux autres papiers émanés de la même source.

Souffrez, Monsieur, que je vous l'adresse sous enveloppe cachetée, avec prière de vouloir bien la mettre sous les yeux de Sa Majesté l'Empereur, qui en ordonnera le renvoi à la commission, si Elle le juge convenable. Peut-être la lettre dont j'envoie copie est-elle connue ; peut-être même a-t-elle été publiée ; mais pour vérifier ce double point, il m'eût fallu interroger des personnes versées dans l'histoire contemporaine, et je ne veux parler de ma découverte à âme qui vive.

J'ai l'honneur d'être, Monsieur, avec une haute considération, votre très humble et très obéissant serviteur,

FRANCISQUE MICHEL,
Correspondant de l'Institut de France,
professeur de Faculté, etc.

Bordeaux, rue de la Trésorerie. 122. — 8 novembre 1860.

XVIII

Lettre de M. Lemercier, sous-directeur du Muséum,
au docteur Conneau.

Paris, 2 avril 1860.

Monsieur,

..... Aujourd'hui, je viens moins vous parler de moi, que d'un autre objet qui obtiendra, je l'espère, votre attention et votre intérêt.

Un père de famille, malheureux par les maladies de sa femme et de ses enfants, souvent même par le manque d'ouvrage, est possesseur d'un document dont vous apprécierez la valeur et l'importance; il vient de me charger de le faire connaître à quelque personne qui pût le lui placer avec avantage.

Pensant, de mon côté, qu'une telle pièce ne peut être présentée qu'à celui dont vous êtes l'ami et le confident, et qu'il est important de prévenir la possibilité d'une spéculation illicite, ou de donner prise à une publicité hostile, je viens donc le déposer entre vos mains en vous priant de le communiquer à *celui-là seul* que je regarde comme plus intéressé que tout autre à en devenir possesseur.

J'apprends avec peine qu'une indisposition me prive de l'avantage et du plaisir de vous entretenir ; dans quelques jours j'espère toutefois être plus heureux, lorsque je viendrai connaître le résultat de ma démarche, et vous renouveler de vive voix l'assurance de mes sentiments de considération et de dévouement.

LEMERCIER, *d. m.*,
Sous-directeur du *Muséum*, rue d'Enfer, 58.

XIX

CABINET DU PRÉSIDENT DE LA RÉPUBLIQUE.

Bureau du trésorier.

B. P. Q. de F. 300.

Je, soussigné, reconnais avoir reçu de M. Forestier, trésorier, la somme de trois cents francs, pour acquisition d'une correspondance de Ch. Bonaparte et extinction des réclamations qui y sont contenues.

Bon pour 300 fr.

B. MONNIER.

Dans le paraphe, ce mot : *ai*.

Paris, 28 mars 1850.

XX

Lettre de M. E. Rapallo à M. Mocquard.

Monsieur,

Pour prouver à Sa Majesté l'Empereur mon dévouement à sa personne ainsi qu'à sa cause, depuis que j'ai eu l'honneur de le connaître, je désire finir comme j'ai commencé.

Moi, Ernest Rapallo, déclare avoir reçu de Sa Majesté l'Empereur toute satisfaction pour mes avances, présent, passé et avenir, et laisse à sa générosité de faire pour moi ce qu'elle croira, pour rendre le reste de mes jours heureux.

En outre, je m'engage à remettre entre vos mains toute la correspondance que j'ai eue avec Sa Majesté.

J'ai l'honneur d'être, Monsieur, votre très humble et très obéissant serviteur.

E. RAPALLO.

Paris, 14 avril 1856.

XXI

Une visite au prince Louis-Napoléon en 1848.

On sait que l'élection du 10 décembre fut pour la plus grande part l'œuvre du clergé. On va voir à quel prix se traita l'affaire, et comment le général Cavaignac servit son rival et les cléricaux en se déclarant prêt à accepter les conditions de ceux-ci.

L'auteur du récit qui se désigne clairement, sans donner son nom, paraît aussi sincère dans ses sentiments religieux et véridique dans sa narration que ravi de son rôle.

C'était en octobre 1848. Des souvenirs [1] particuliers de fa-

1. Deux de mes oncles maternels, MM. Thomas des Essarts (ancienne famille de Bretagne et du Berry), dont l'un colonel, grand-prévôt de la gendarmerie française, en Portugal, où il est mort. L'Empereur l'affectionnait beaucoup, et quand il reçut, au retour de l'île d'Elbe, la députation des Côtes-du-Nord, dont le frère du colonel faisait partie, il vint droit à celui-ci et l'embrassa avec effusion; « en souvenir, dit-il, du brave Breton qu'il avait perdu. » Le conseiller de cassation, M. Rupéron, qui présidait cette députation, parlait souvent de cette scène dont il s'était senti fort ému et très honoré pour la Bretagne, disait-il.

Autre souvenir de famille : M. le comte de Sussy, mon cousin, ministre du commerce et des manufactures, et sénateur de l'Empire.

4

mille amenèrent chez moi[1] une personne attachée au cabinet de l'ancien roi de Westphalie[2]. Le prince Jérôme désirait m'entretenir d'affaire pressante.

Dès le lendemain, je me rendis près du prince[3]. Il avait appris d'un membre de ma famille que je connaissais l'état des esprits en Bretagne et dans une partie du Midi, deux provinces où l'élection du prince Louis-Napoléon à la présidence de la République semblait exiger un plus énergique appui.

Le frère de l'Empereur m'attendait avec le Prince son fils. Malade, j'étais peu préparé; mais il s'agissait de mon concours, il ne pouvait être douteux : j'en donnai l'assurance. Les princes me demandèrent ce qui pouvait le mieux garantir dans ces provinces l'élection présidentielle. A cette question, une sorte d'inspiration m'éclaira soudain : « Puissé-je rencontrer dans tous les esprits, répondis-je, la conviction qui se fait jour dans le mien ! Mais si le sujet est délicat, le moment est pressant, et je dois à l'insigne honneur de votre confiance la vérité telle que je la sens : La promesse de la liberté de l'enseignement amènera seule au prince Louis la majorité des suffrages. Peut-être même, et je l'espère, se transformera-t-elle en unanimité. »

Un mot est nécessaire pour expliquer cette direction de mon esprit. J'avais fait partie, sous le gouvernement de Juillet, de l'agence pour l'enseignement libre, en compagnie de MM. de Lamennais, mon compatriote et mon ami, de Montalembert, de Lacordaire et d'autres encore. J'avais aussi concouru à la formation de l'ancien journal l'*Avenir*,

1. Rue du Bac, 34.
2. M. Pietra-Santa.
3. Rue d'Alger, 5.

dont la rédaction, empreinte d'un esprit nouveau pour ce temps, causa dans le monde religieux et politique d'alors une émotion qui n'est pas oubliée. De plus encore, et presque au même moment où les princes me faisaient l'honneur de m'appeler près d'eux, M. l'abbé Maret, évêque aujourd'hui de Sura, chanoine du chapitre impérial de Saint-Denis, me conviait à m'asseoir au conseil du journal l'*Ère nouvelle*. C'était une feuille qui cherchait à rappeler l'ancien *Avenir*, feuille à allures vives, mais sérieusement libérales, profondément catholique d'ailleurs. Enfin, j'étais Breton de cœur comme de naissance. — Que de raisons pour ressaisir le drapeau de cette liberté féconde que nous n'avions replié dans ces temps d'enthousiasme déçu, que pour le relever en des temps meilleurs !

Les paroles qui suivirent ma première réponse aux membres de la famille impériale trouveront leur place dans la suite de ce récit ; je tiens à y présenter, sans interruption, l'enchaînement de pensées qui s'y produisit.

Deux jours s'étaient écoulés depuis ma visite rue d'Alger. Le comte Bacciochi, que j'avais connu à Marseille [1], vint me trouver de la part du prince Louis-Napoléon. Le prince, informé, me dit-il, de ma visite à l'ancien roi de Westphalie, son oncle, désirait en connaître de moi-même tous les détails. Le prince Louis m'attendait le lendemain à cinq heures, à l'hôtel du Rhin, place Vendôme, où il avait ses appartements. M. Bacciochi viendrait me prendre dans une voiture du prince. Le lendemain, en effet, Son Altesse Impériale, qui rentrait de l'Assemblée pour me recevoir, me faisait entrer dans son cabinet.

Le comte Bacciochi fut invité à rester.

1. J'y dirigeais alors le service des douanes.

« — Voudriez-vous, me dit Louis-Napoléon, reprendre
« avec moi la conversation que vous venez d'avoir avec
« mon oncle ? »

« — J'obéis, prince. Aussi bien, si j'étais peu préparé à ce
« moment, le temps est venu depuis deux jours m'apporter
« ses révélations et ses conseils. » Puis, après avoir dit sommairement les circonstances de famille que j'ai dû rappeler
plus haut parce que seules elles pouvaient expliquer mon
intervention en si haute matière : « Je savais, repris-je, que
« plus est vivace dans ces pays de Bretagne et du Midi, le
« souvenir de l'Empire et de ses gloires, plus on y fomente
« d'opposition à toute candidature impériale. Je savais
« encore, ajoutai-je, que le clergé est fortement travaillé
« partout dans le sens du maintien de la République sous
« l'autorité du général Cavaignac. Eh bien ! la pensée m'est
« venue de détourner ce courant et de l'amener à vous,
« prince...

« Nous venions de parcourir, continuai-je, les cartes de
« Cassini, que le prince Napoléon, votre cousin, avait ap-
« portées sur la demande de son père, pour mieux éclairer
« la situation. »

« — Cette liberté de l'enseignement, me fut-il objecté par
« les deux princes, ne donnerait-elle pas le change sur nos
« opinions et ne pouvons-nous pas compter sur le bon sens
« et le libéralisme des villes ? »

« — C'est de là malheureusement, répondis-je, que partira
« le mot d'ordre de l'opposition. Les villes, grâce à leur libé-
« ralisme racorni et dévoyé, ne savent plus ce que c'est que
« l'enthousiasme et le patriotisme ; et sans patriotisme et
« sans enthousiasme, qu'attendre pour le grand nom de
« Napoléon ? »

« — Mais les campagnes ! objecta le frère de l'Empereur, elles

« comptent du moins les populations les plus nombreuses,
« un grand nombre aussi d'anciens militaires, et de toutes
« parts on nous assure que là surtout est vénéré le souvenir
« de mon frère. »

« — Toujours, en effet, comme nom, comme souvenir,
« comme prestige incomparable, mais ce qu'il faut en ce
« moment, c'est faire passer ce nom, ce souvenir dans les
« faits, et en inspirer les masses. Pour cela un grand coup
« est nécessaire, un coup inattendu frappé sur elles, sur
« leurs cœurs, sur leurs consciences... Tout alors vous sera
« possible au sein des campagnes. Là est pour le moment le
« meilleur point d'appui, le levier le plus vigoureux. »

« — Mais ce levier, cet appui, où les trouver si ce n'est
« dans le clergé ? »

« — Sans doute, répondis-je, mais ne l'oublions pas, c'est au
« milieu des campagnes la seule autorité qui n'y soit pas
« encore contestée, et les grandes influences seules condui-
« sent sûrement les masses. »

« — Mais que pouvons-nous faire de ce côté-là qui ne
« nous aliène pas les autres ? »

« — Les autres, n'y comptez pas sur l'heure ; ils viendront
« à vous quand ils vous verront les maîtres. Adressez-vous
« aux larges masses de ce peuple dont le bon sens est de-
« meuré sain et droit : élan et nombre, vous y trouverez
« tout, le reste suivra. Et puisque me voilà au vif de la
« question, ne vous inquiétez pas du clergé. Donnez-lui
« résolûment ce qu'il a en vain demandé à tous les gouver-
« nements jusqu'ici, ce qu'il regarde dans ce désordre des
« esprits comme une obligation pour lui, comme un droit
« même, non pas certes exclusif, il ne le faut pas, mais de
« simple partage avec l'enseignement officiel, pour éclairer
« le peuple en le formant surtout aux assujétissements du

« devoir. On ne lui parle aujourd'hui que de ses droits !
« Plaçons-le aussi en face de ses devoirs, si nous ne vou-
« lons pas que toute autorité périsse dans des convoitises
« désordonnées. »

Et comme ceci pouvait me faire craindre un malentendu sur mes véritables opinions, et pour en prévenir
jusqu'aux premières objections, j'avais à cœur de préciser
mon sentiment : « Ne redoutons pas, ajoutai-je vivement,
« l'obscurantisme, comme on l'appelle, qui nous viendrait
« de là ; ce serait de l'anachronisme pour le siècle où nous
« sommes, et une grande faiblesse pour les esprits éclairés
« qui pourraient redouter un fantôme... Pour moi, ma
« conviction est telle que si le prince, votre neveu, dis-je
« au roi Jérôme, s'élève avec confiance au-dessus de ces
« craintes chimériques, il verra s'abaisser toutes les bar-
« rières, et le nom glorieux qu'il porte sortir triomphant de
« la lutte générale. »

J'arrêtai à ces mots le récit de ce qui s'était dit entre les
princes et moi, et j'attendis les réflexions du prince Louis.

Louis-Napoléon m'avait attentivement écouté, et cette
attention bienveillante, qu'aucune parole cependant n'avait
trahie, redoublant ma confiance, je repris :

« De la révolution dernière, Prince, que peut-il sortir
« qui ait vie ? De l'aveu de ceux qui l'ont faite, ce n'est
« qu'une surprise, et que peut produire de sérieux et de
« grand une simple surprise ? Sur ce sol ravagé, et pour le
« moment du moins, il faut le dire, étranger aux pensées
« dynastiques, un seul germe demande à naître, le germe
« religieux et moral. Il n'appartient qu'à vous, Prince, de
« le féconder. Aucun précédent personnel ne vous rattache
« aux partis qui ont divisé le pays : votre nom est vierge
« de toutes les complicités du passé. Il ne réfléchit plus,

« aujourd'hui, qu'une grande gloire, gloire de restauration
« aussi, mais de restauration la plus haute qui soit au
« monde, car elle a pour assises, après la tempête où tout
« avait sombré, les trois grandes choses qui ne sauraient
« périr au milieu des hommes : la religion, l'autorité et la
« justice. C'est par là avant tout que votre oncle fut grand !
« Le ciel ne fonde des dynasties qu'à de telles conditions...
« Vous avez dit, Prince, que le bonheur de la France était
« votre vœu le plus cher. Donnez-le lui, cela vous sera
« facile, en préparant par cette grande liberté des géné-
« rations plus croyantes et plus fortes. Proclamez que
« vous êtes sans défiance contre elle ; car le moment est
« proche où il faudra opter entre les enseignements du
« socialisme et ceux du père de famille, et la vérité arrive
« toujours là où elle trouve la liberté qui l'appelle. »

Je m'arrêtai. L'impression bienveillante du Prince se
manifestait de plus en plus. Encouragé, je repris :

« Le clergé fera son profit de la liberté, dira-t-on ? Mais
« quel profit, si ce n'est celui du peuple lui-même ? S'il va
« au-delà, est-ce qu'un gouvernement populaire et fort ne
« saura pas l'arrêter ? Serait-ce donc la première lutte de ce
« genre ? Et ce qui était redoutable à peine quand le clergé
« était le second corps de l'Etat, le serait-il aujourd'hui que,
« recruté dans tous les rangs de la nation, il n'est plus une
« des puissances constitutionnelles du pays ? Donc, aucune
« concurrence redoutable de ce côté, et c'est s'avouer faible
« que de le craindre. Voyez la Restauration ! ses tendances
« religieuses étaient pour elle un obstacle et elle le sentait si
« bien qu'elle sema elle-même les restrictions [1], et cela en-

1. Les ordonnances de 1828. Mgr Feutrier, évêque de Beauvais, ministre des affaires ecclésiastiques.

« core par les mains d'un ministre-évêque. C'est que le sol
« qui se raffermira sous vos pas était miné sous les siens.
« Les derniers temps de cette noble famille sont là comme
« un triste enseignement pour prouver que trop souvent les
« vertus les plus augustes peuvent s'asseoir sur un trône
« sans rejaillir utilement sur l'état moral des sujets. Il faut
« à celui-ci toute la largeur d'une base d'éducation et d'en-
« seignement qui éclaire les esprits et peut-être les cœurs.
« Il y en aura deux pour une qui sauront se confondre dans
« l'unique volonté de faire le bien. Le gouvernement qui
« vient de s'écrouler était, par son origine même, impuis-
« sant pour faire ce bien-là. Vous seul, Prince, pouvez le
« réaliser. Et quand vous l'aurez proclamé, quand vous
« l'aurez assuré par une volonté ferme, une volonté de
« Napoléon, vous n'aurez plus qu'à étendre la main pour
« ressaisir le sceptre arraché à celles de l'Empereur, votre
« oncle, si un sceptre peut tenter votre ambition, après
« une telle mission aussi glorieusement remplie.... »

J'étais profondément ému ; les moins éloquents le deviennent quand le cœur et la conviction les inspirent.

Le Prince prit la parole :

« Je ne voudrais pas, dit-il, m'exagérer le rôle que peut
« me réserver la Providence, mais j'en sens la gravité : je
« crois qu'en effet le mal est grand et que le remède peut
« être là où vous l'indiquez. Tout ceci, croyez-le, a un
« grand intérêt pour moi, et d'autant plus que vous parlez
« en homme convaincu. »

Puis, après une pause que je ne voulus troubler par aucune réflexion nouvelle, le Prince ajouta :

« Je sens qu'il y a là, en effet, plus qu'une question d'é-
« lection, toute une question d'avenir. » — « Et aussi de pré-
« sent, » ajoutai-je. « De présent et d'avenir, » dit le Prince,

« car je ne connais pas d'autre base à la morale publique
« que le sentiment vraiment religieux. J'ai été élevé par
« ma mère dans ces convictions-là, fondées sur les vérités
« de la religion catholique romaine. J'y serai constamment
« fidèle. »

Je rapporte textuellement. Le Prince continua :

« Je vous promets de réfléchir sérieusement à l'objet de
« cet entretien, et j'aime à vous répéter qu'il m'a fort
« intéressé. »

Je me levai; je craignais d'abuser... Le Prince s'en aper-
çut et m'encouragea du geste.

« Eh bien ! dis-je, avec autant d'attendrissement que de
« vivacité, si mes paroles ont touché son esprit, que Votre
« Altesse Impériale me permette d'insister et de lui dire
« que toute hésitation serait fatale. Il y a urgence à se pro-
« noncer, Prince.

« — Il me faut pour cela de la réflexion, répondit Louis-
« Napoléon, car j'entends être sincère, et tenir ce que j'au-
« rai promis.

« — Prince, laissez-moi vous dire le secret d'une insis-
« tance qui serait sans cela de la témérité. Si cet engage-
« ment-là n'est pas pris par vous-même, il va l'être par
« d'autres, je le sais à n'en pas douter aujourd'hui. Il y a
« deux jours, je l'ignorais encore [1]. Je ne veux pas dire que

1. Je venais de l'apprendre dans une importante séance du comité de
l'*Ère nouvelle*, de la bouche même des membres élèves du clergé, la plupart devenus depuis évêques et jouissant encore aujourd'hui des plus
hautes et des plus méritées confiances. Ils se tenaient pour assurés des
intentions du général Cavaignac et quelques-uns le tenaient de sa bouche.
Est-ce à dire que je les blâme aujourd'hui de leurs convictions d'alors?
Non, certes; les esprits les plus élevés sont tenus plus que les autres, non
pas, comme on l'a trop dit, à s'incliner aux rayons du soleil levant, mais

« là on promettra sans vouloir tenir ; mais dans le camp
« auquel je fais allusion, on sera vite débordé. On lâchera
« les rênes, et il n'y a qu'une main ferme, une main non
« compromise, la vôtre, Prince, qui puisse les tenir sûre-
« ment et réaliser ce qui aura été promis. Empressez-
« vous de déclarer l'enseignement libre, et Dieu fera le
« reste !... »

Un sourire bienveillant accueillit ces dernières paroles ;
j'y lus comme une approbation, et me levant aussitôt : « Je
« puis maintenant, dis-je, prendre congé de Votre Altesse
« Impériale ; mais je ne m'éloigne d'Elle qu'avec un rayon
« de joie et d'espoir au fond du cœur. Laissez-moi vous
« dire, Prince, que la France reverra bientôt d'heureux
« jours, et qu'elle les devra à son second Empereur. »

Le lendemain, le comte Bacciochi revenait me voir,
m'apportant les remercîments du Prince en termes que je
ne puis répéter ici, tant à cause de l'éloge qu'ils impli-
quaient pour moi, que parce que des noms de personnes
haut placées alors et depuis s'y trouvaient mêlés. Il m'est
permis toutefois, et sans indiscrétion, de dire que très peu
de jours après, M. Amédée Thayer, depuis sénateur, m'ap-

à confesser l'éclat vrai de la lumière. Elle est faite surtout pour eux. Et
puis est-il donné à tout le monde de pressentir nettement, dans une nuit
obscure, le point où se lèvera l'aurore ? Deux camps bien tranchés se par-
tageaient alors le journal, et ce jour-là précisément on y discutait la direction à suivre dans la grande question du moment : l'élection présidentielle.
Le camp auquel j'appartenais s'étant trouvé, il faut bien le dire, en minorité, les membres qui le composaient avec moi s'engagèrent à se retirer,
et le journal ne tarda pas à tomber. On comptait dans cette réunion des
personnages politiques, des membres de l'Assemblée et du haut clergé et
des écrivains en renom.

prenait — sans que je lui eusse dit alors un seul mot de ce qui s'était passé — qu'il quittait à l'instant même MM. de Falloux et de Montalembert qui, avisés, me dit-il, des dispositions du prince Louis-Napoléon, en informaient d'urgence les comités légitimiste et catholique, comme de la plus haute détermination, en effet, qui pût diriger leur conduite dans le vote important du moment. Et j'ajoute, sans rien apprendre pour cela à personne, qu'à quelques jours de là, dans une manifestation de grand retentissement, où l'homme d'Etat parlait déjà presque en souverain, parce qu'il avait la révélation de l'avenir, le Prince affirmait hautement, et dès ses premières paroles, cette grande liberté de l'éducation, qui triomphe aujourd'hui des longs préjugés du temps et des contradictions des hommes, et recevait, en échange des promesses d'ordre et de réparation qu'il a si loyalement tenues, cette solennelle acclamation de huit millions de suffrages qui a fondé le second empire [1].

---

1. Le Prince m'ayant fait engager à aller le trouver après cette manifestation, vint avec bonté à moi et me demanda « si j'étais satisfait... » Je répondis en ne parlant que des *humbles indications* que la confiance spontanée du Prince m'avait autorisé à lui donner. « Non, interrompit le « Prince, vous m'avez donné *d'utiles conseils*. J'appelle les choses par leur « nom. » Puis le Prince alla à Méry qui venait d'arriver, et causa de Marseille et du Midi avec lui et moi.

Il nous dit que le Dauphiné était unanime pour sa cause, qu'il y avait aussi tout à espérer ailleurs. Méry m'accompagna quelques moments après jusque chez moi : nous devisâmes longuement sur les grands résultats qui se préparaient.

... Il me rappelait encore cette soirée, quelques mois avant sa mort.

Tous les détails de cet entretien ont été écrits par moi le soir même et le lendemain de la visite que j'ai eu l'honneur de faire en 1848 à Sa Majesté : ils sont donc de la plus parfaite fidélité.

XXII

Lettre de M. Calmètes, député, à l'Empereur.

Sire,

Les fidèles habitants de la commune de Pruts-de-Mollo (Pyrénées-Orientales), en adressant à Votre Majesté l'expression de leur dévouement à la dynastie impériale, se sont rendus les interprètes des sentiments qui animent les patriotiques populations de nos montagnes et auxquelles je m'associe du fond du cœur.

Les électeurs dont je suis l'organe m'ont donné une mission que Votre Majesté me permettra de remplir, car, ainsi qu'elle m'a fait l'honneur de me le dire au mois de juillet dernier à Saint-Cloud, elle veut en toutes choses connaître la vérité.

De toutes les parties de la vaste circonscription que je représente au Corps législatif, on m'exprime le vœu qu'une répression énergique soit opposée aux déplorables excitations de la presse démocratique et des réunions publiques.

Ces prédications, aussi coupables qu'insensées, font péné-
trer dans les masses les doctrines les plus dangereuses. La
diffusion des lumières aggrave chaque jour ce mal, qui a
déjà pris des proportions alarmantes. — Le vote du 8 mai a
constaté que les grandes villes et les centres de population
les plus éclairés ont été aussi les plus hostiles au plébiscite.

L'opposition radicale demande, avec une vive insistance,
que l'instruction soit gratuite et obligatoire.

Dans quel but ? — C'est uniquement parce qu'elle est
convaincue que l'instruction que l'on donnera au peuple
aura pour infaillible résultat de grossir les rangs du parti
démocratique, c'est-à-dire des ennemis de la dynastie et de
la vraie liberté.

Pour l'opposition, l'instruction n'est qu'une arme de
guerre ; il faudrait être aveugle pour ne point le voir.

Je m'honore d'être le mandataire d'une population active,
laborieuse et douée, en général, d'une rare intelligence ; elle
n'est point des plus éclairées, mais elle est dévouée à l'Empire ; son dernier vote l'a prouvé.

Je représente au Conseil général de mon département un
canton très pauvre, dans lequel l'instruction n'est pas très
répandue ; on y trouve encore les mœurs simples et les habi-
tudes des temps passés. L'esprit de ses habitants est plein de
sagacité et de finesse. Ils ont tous voté en faveur du plébiscite.

J'ajouterai que jamais, en aucun temps, un habitant de
ce canton n'a comparu devant la Cour d'assises pour y rendre compte d'un fait qualifié crime par la loi pénale.

On chercherait peut-être en vain, dans la France entière,
un autre canton, même parmi les plus éclairés, qui offrît un
tel exemple de moralité.

Est-ce à dire qu'il faille laisser les populations dans leur

ignorance native ? — Tel n'est point assurément mon sentiment. — Je pense, toutefois, qu'il ne faut pas exagérer les
bienfaits de l'instruction et qu'on ne doit pas contraindre,
sous peine d'amende, de pauvres pères de famille à envoyer
leurs enfants à l'école ; une semblable mesure porterait une
grave atteinte à l'autorité du père sur ses enfants, elle serait
souvent préjudiciable à ses intérêts, et la loi qui la consa-
crerait deviendrait l'objet d'une réprobation générale dans
nos contrées.

L'instruction n'a point pour effet nécessaire de moraliser
ceux à qui on la donne ; elle éveille des passions et des
besoins qu'aucun gouvernement ne saurait satisfaire ; les
demi-savants deviennent les ennemis irréconciliables de
toute société régulièrement organisée ; ils rêvent mille
formes sociales impossibles, et pour réaliser leurs conceptions insensées, ils ne reculent ni devant la guerre civile,
ni devant l'assassinat.

Votre Majesté daignera excuser la liberté de mon langage.
Il m'est inspiré par un dévouement dès longtemps éprouvé,
et qui ne demande qu'à l'être encore.

Je suis, avec les sentiments du plus profond respect,

Sire,

de Votre Majesté,

le très obéissant et très dévoué serviteur,

CALMÈTES,

Député de la 2me Circonscription des Pyrénées-Orientales,
Conseiller honoraire de la Cour de Cassation.

Paris, le 17 Mai 1870.

XXIII

Analyse par le cabinet de l'Empereur d'une note du comte de Vignerol, au château de Ri, par Argentan (Orne).

17 janvier 1857.

Le comte de Vignerol propose à l'Empereur de remplacer les instituteurs des campagnes, sortis des Ecoles normales, par les sous-officiers et soldats à l'expiration de leur congé.

XXIV

*Lettre d'un instituteur des Hautes-Alpes à M. Clément
Duvernois.*

Monsieur Clément Duvernois,

. . . .

Un peu de politique.

Vous dirès de la part des Electeurs quil vous ont Elu à ceux
qui disputent votre Election que ceux quil vous ont Elu
sont des hommes de bons sans paisibles, d'ordre attaché à la
Dignasti Napoleonniene ne voulant que le bonheur des fran-
cais et la prospérité de la France Toute Entière. Tandis
que ceux quil vous disputent votre Election sont elus par
des masses ne meditent que le Desordre, ne voulant ni chef
de l'Etat, ni ordre, les alpes en ont un Example bien fra-
pent, les alpins quil ont deserté leurs famille leurs Toit paternel, a charge a leurs voisin pour se rendre les uns à
Marselle les autre à Lyon et à paris etc. ayant sussé les projets de Desordre de ces masses d'ouvriers n'ayant rien à

perdre ils se son erigés en professeurs nous avait envoyé pour qui nous devons voter. Mais chaque localité du Departement ayant reconnu le sien nont fait auquun cas voila les colegues de ceux qui ont elus vos adversaires quils se croien les maitres absolus de la france veulent diminuer la liste civille de l'Empereur de l'imperatrice Tendis que ces fonds né sont que pour les malheures, s'il arrive un signistre un malheur a une famille, l'Empereur vient desuite a leurs secours etc. etc. voilà les sentiments des habitans des hautes alpes, si votre Election n'etait pas validé comme nous l'experont pas ça sera que votre nom sortira encore une fois reyonant de l'urne

a Dieu je vous sere la main
Cest une familiarite un peu trop commune.

Votre très humble serviteur.

P.

22 août 1869.

XXV

Lettre d'un autre instituteur à M. Clément Duvernois.

Monsieur le Député,

J'ai l'honneur de vous informer que sur votre très haute et très respectab!e récommandation, monsieur le Ministre de l'instruction publique m'a accordé un secours de cent francs.

Déjà j'avais formé le projet de vous demander votre très respectable photographie, mais puisque j'aurai l'insigne honneur de poséder votre don, je vous prie de vouloir bien m'honorer encore de ce complément, votre photographie, que je conserverai toute ma vie précieusement dans mon humble logement.

M. Clément Duvernois, député au Corps législatif, je vous remercie également, monsieur le Député, de la bonté que vous avez pour moi, en m'adressant continuellement votre journal que je lis avec beaucoup d'avidité et de plaisir, et surtout lorsque je puis y trouver vos propres articles.

Dans l'espoir de vous voir une fois chez nous, ainsi que

vous me l'aviez promis par votre très aimable lettre du 20 mai dernier, je prie la Providence de vous donner une bonne santé, et le courage et la force dont vous avez besoin pour représenter les intérêts du département des Hautes-Alpes, et surtout pour vous défendre contre les attaques des calomniateurs et de la canaille jaloux de votre honorable et respectable réussite à une grande majorité de suffrages.

Tout en vous priant de me pardonner la liberté que je prends de mettre de nouveau votre bonté à contribution, je vous prie d'agréer l'assurance avec laquelle j'ai l'honneur d'être, avec le plus profond respect et le plus entier dévouement,

Monsieur le député,

Votre très humble, très obéissant
et très attaché serviteur,

G.

Le 21 juillet 1869.

XXVI

M. Duruy au général Frossard.

CABINET DU MINISTRE
DE L'INSTRUCTION PUBLIQUE.

En marge : *Remercié et envoyé une photographie en communiquant le bienfait du ministre.*

Paris, le 13 mai 1868.

Mon cher général,

Pour fonder une dynastie, il faut beaucoup de choses ; une de ces choses indispensables, c'est la conquête des jeunes esprits. Eh bien, ce travail auquel on n'avait peut-être pas suffisamment songé, s'opère en ce moment et avance. On m'écrit d'Orléans que les élèves du Lycée ont été profondément émus à la vue de LL. MM., et la pièce de vers ci-jointe est la preuve de leurs sentiments. Ces vers sont d'un élève de philosophie demi-boursier et orphelin de père. Il s'appelle Boyer.

Ne vous semble-t-il pas que Filon pourrait lui écrire que le Prince impérial a désiré que remise fût faite au poète lycéen des frais de pension pour l'année scolaire 1867-68, et que la demi-bourse est changée en bourse entière ?

Votre bien dévoué,

V. DURUY.

M. Duruy à M. Conti.

Mon cher Conseiller,

Voilà une lettre d'un prêtre, ancien aumônier du Lycée et de l'École normale de Troyes, que j'ai dû remplacer dans ces deux fonctions, non parce qu'il avait démérité, mais parce que l'évêque lui avait retiré les pouvoirs spirituels. L'unique raison de ce retrait est que cet abbé rédigeait un journal religieux dans un esprit très catholique, mais non ultramontain.

Il se produit dans l'église un double mouvement de concentration qui doit donner à penser aux puissances séculières.

Les évêques sont énergiquement rattachés au pape et à sa politique, qui est en contradiction absolue avec les idées, les institutions de la société moderne, et de leur côté, les évêques imposent à leurs prêtres l'obéissance *militaire*.

L'église, en un mot, fait un violent effort de discipline pour le grand combat qu'elle veut livrer à l'esprit moderne.

Cela me promet de bien mauvais jours, car tout le fort de la bataille portera sur les écoles.

Qui tient l'éducation, tient l'avenir, disait Leibnitz.

Puisse le ferme esprit de l'Empereur comprendre toujours,

malgré les mielleuses paroles qui tombent de certaines lè-
vres, que les irréconciliables ennemis de la société moderne
seront toujours les ennemis des Napoléons qui la repré-
sentent.

Votre tout dévoué,

V. DURUY.

XXVII

Note sur Monseigneur Sibour, archevêque de Paris.

On croit généralement aujourd'hui qu'entre le prince Louis-Napoléon et monseigneur l'archevêque de Paris il règne la plus parfaite entente, ce que déplorent tous les hommes sincèrement attachés aux véritables intérêts et du prince et de l'Eglise.

Ils se disent que Mgr de Paris doit être bien connu à l'Élysée comme ne jouissant de l'estime d'aucun parti : tour à tour ardent légitimiste, orléaniste, cavaignaciste, socialiste, etc., et ils savent que cette versatilité d'esprit, cette fièvre d'ambition qui le dévore tient à l'inconstance même de son caractère. Personne ne prendra jamais Mgr de Paris pour un homme sérieux ; il n'y a pas un prêtre dans son diocèse, pas un sacristain qui voulût prendre la responsabilité des faits et surtout des paroles de son archevêque, qui sont en réalité incroyables. Ce serait, en vérité, à ne pas y croire, si l'on ne savait malheureusement ses nombreuses défaillances mentales. Paroles de Mgr

Fornari : « Le Pape peut à peine contenir un fou rire, quand il parle de Mgr Sibour ! » Elles donnent la seule explication possible de son étrange autant que peu loyale conduite à l'égard du prince Louis-Napoléon, car, tandis qu'on sait qu'il fait tout au monde pour capter les faveurs du chef de l'Etat, il continue au milieu de ses amis et même de ses ennemis (à lui Mgr Sibour) une guerre à coups d'épingles, qu'il croit très méchante et qui fait sourire.

Ainsi, aux premiers jours de l'an, et en présence de tout son clergé, il persifla à l'archevêché le grand acte du deux décembre.

Hier encore un de ses confidents disait que le prince ne garderait pas longtemps le pouvoir.

Suivant lui et ses confidents, les honneurs qu'on lui fait lui sont imposés par l'Élysée, et en lui prêtant ample matière à rire, il donne à entendre qu'on a besoin de lui. Il n'en est heureusement rien ; mais qu'en faisant de l'opposition dans toute la mesure de son pouvoir, il veuille en même temps passer pour l'ami et le conseiller du prince Louis-Napoléon, cela est trop fort. Sa conduite est du reste la même à l'égard du Pape qu'il flatte et dont il cherche à ruiner l'autorité. Dans ses moments d'oubli, Mgr Sibour ne craint pas de se poser comme son adversaire. Tout cela est odieux et est généralement connu de l'Épiscopat, qui voit dans Mgr de Paris un objet d'effroi mêlé toutefois de pitié.

Ces aberrations de la vie publique, Mgr Sibour les porte dans son administration diocésaine. Le bon Mgr Affre, témoin de ce qu'il y a de monstrueusement injuste dans la répartition du travail et des émoluments dans les paroisses de Paris, avait rendu une ordonnance qui rétablissait l'équité dans ce qu'elle a de plus élémentaire; et Mgr Sibour « le philanthrope, le socialiste, » à peine assis sur la chaire de son glorieux prédécesseur, laisse tomber en désuétude l'œuvre réparatrice ; et tandis qu'il s'occupe de Venise et des ouvriers en chaises du faubourg Saint-Antoine, il laisse sciemment enlever à ses prêtres, qui supportent le poids du jour et de la chaleur, une partie de ce qui leur est stricte-ment nécessaire pour subsister. Il fait semblant de ne pas s'apercevoir que les curés s'emparent de tous les revenus ecclésiastiques, à ce point qu'ils s'attribuent quelquefois jusqu'à deux cent cinquante francs dans un convoi, tandis qu'ils jettent deux francs au prêtre qui travaille pour eux.

Dans le dernier tarif approuvé par le conseil d'État, les pauvres vicaires auront, dans la plupart des cas, beaucoup moins que les chantres, et tandis que l'intention du prince Louis-Napoléon est que les prêtres puissent vivre honora-blement, ils sont diminués à Paris dans leurs faibles res-sources. La misère leur fera tendre les mains enfin vers le prince réparateur à qui ils feront connaître l'espèce de bri-gandage qui s'exerce dans les sacristies de Paris.

On pensait que Mgr Sibour aurait cherché la justifica-tion de son népotisme scandaleux en faisant commencer la réforme par les siens ; mais il n'en est rien, ses parents et amis ont dans leurs riches bénéfices aggravé encore les abus.

Et que dire de son conseil ! Des têtes à l'envers, la plu-part mises à l'index pour leurs livres, ou devant s'y trouver, des chasseurs ardents à la curée des places. Tous ces fruits très mauvais ne pouvaient pas être autres venant d'un mauvais arbre.

On sait comment Mgr Sibour est arrivé à l'évêché de Digne, et pourquoi il a été transféré à Paris. M. Teste, le parrain constant et la caution de Mgr Sibour, devait néces-sairement repousser dans la vie de son protégé, dans lequel il avait si profondément gravé son empreinte. C'est pourquoi cette administration a détruit dans l'âme des subordonnés le respect de l'autorité épiscopale. On s'accoutume à ne plus voir dans Mgr Sibour, l'archevêque vénéré de Paris, mais seulement l'homme aux représentations pitoyablement théâtrales. En effet, le prélat pleure quand il veut, il rit de même, s'émeut de même et possède en outre le tragique secret de répandre son cœur à flots, sans les tarir jamais.

Les faits que l'on vient de lire sont tellement graves qu'on pourrait peut-être avoir de la peine à y croire ; on est loin d'avoir tout dit : un reste de pudeur et de respect a retenu l'auteur de ces notes qu'il peut appuyer des preuves les plus irrécusables.

. Pour copie conforme 1 :

1. Ici la signature d'un personnage, conseiller d'État, puis sénateur.

Le lecteur comprendra la discrétion qui nous est imposée par suite de l'incendie des documents originaux.

XXVIII

Lettre de M. l'abbé ..., aumônier du lycée ..., à l'Empereur.

Paris, 12 août 1868.

Sire,

Ayant appris qu'un ecclésiastique, M. l'abbé B..., premier aumônier au lycée ..., fait ou fait faire des démarches pour avoir la croix de la Légion d'honneur, je n'ai pas cru, après longue réflexion et hésitation, pouvoir me dispenser de faire connaître à Votre Majesté les sentiments politiques qui l'animent à votre égard. Il est démocrate très avancé, ne témoignant *jamais* aucune sympathie pour votre personne, pour votre dynastie et pour votre gouvernement; ayant même des insinuations perfides à ce triple point de vue et professant un sentiment *assez connu* pour l'opposition.

Mes respectueux sentiments pour votre gouvernement et votre dynastie, bien connus, publiés et imprimés, et offerts plusieurs fois à Votre Majesté, ont été indignés de voir ce contraste méprisable de sollicitations habiles et de convictions opposées. Il n'y a même pas bien longtemps, j'ai dû, dans une réunion d'amis, prendre hautement la parole pour réprouver les sentiments erronés et désapprobateurs de M. l'abbé B..., relativement au coup d'État de 1852. D'après lui aussi, vos ennemis d'alors n'étaient que des hommes inoffensifs ayant de *bonnes intentions*, et les défenseurs de la société sous Votre Majesté, à savoir tel ou tel de vos héroïques préfets et sous-préfets, *des Don Quichotte ridicules;* nommément M. Paissard, alors sous-préfet à Forcalquier, où ma famille chez laquelle il était logé a pu tout à la fois le seconder courageusement et admirer sa sagesse et son héroïsme.

Sire, en écrivant ceci, j'ai cru non-seulement devoir prévenir une surprise qui aurait pu être facile, vu une certaine prudence actuellement calculée et bien ménagée, mais encore et surtout devoir céder une fois de plus aux sentiments dévoués et respectueux qui m'attachent à votre personne auguste et aux intérêts qu'elle représente et administre si bien.

Sire,

J'ai l'honneur d'être, de Votre Majesté, avec un profond sentiment de respect, le serviteur très dévoué et le plus humble sujet,

L'abbé ...,
Aumônier du lycée impérial...

XXIX

Lettre de Monseigneur Darboy à l'Empereur.

Rome, 2 mai 1870.

Sire,

Je prie Votre Majesté d'agréer l'hommage de mes condoléances pleines de respect, à l'occasion de l'odieux attentat qu'on avait médité contre Elle et que la Providence a fait échouer. Que Dieu soit remercié d'avoir encore une fois sauvé la France! et qu'il vous continue sa protection!

Les gens de bien voient avec effroi la recrudescence de ces passions sauvages qui ne s'attaquent à l'Empereur que pour donner l'assaut à la société tout entière.

Ceux qui ont l'honneur de vous approcher éprouvent, en outre, un sentiment douloureux dont votre personne auguste est plus particulièrement l'objet : nous sommes vos fils, Sire, et l'on nous déchire le cœur par ces cruelles iniquités et ces outrages qu'on fait souffrir à notre souverain : nous sommes de ceux qui honorent et chérissent dans le chef de l'Etat, le père de la Patrie, comme disaient les anciens.

J'ai vu M. de Banneville, à l'occasion du plébiscite, et après en avoir conféré avec plusieurs de mes collègues, il nous a paru, pour diverses raisons de circonstances, qu'une lettre de l'ambassadeur à M. le ministre des affaires étrangères, exprimant notre désir de prendre part au plébiscite et de donner ainsi le témoignage de notre dévouement à l'Empereur et insérée dans le *Journal officiel,* d'où elle passerait dans la plupart des autres journaux, atteindrait plus d'électeurs et serait peut-être plus efficace qu'une circulaire adressée à nos prêtres. Nous souhaitons bien vivement, non la victoire, toujours fidèle à Votre Majesté, mais un triomphe tellement sensible qu'il fasse taire enfin les contradicteurs, si jamais on peut les faire taire.

J'ai dit, de manière à ce que Votre Majesté en fût instruite, les motifs qui m'ont engagé à ne pas l'occuper beaucoup du Concile. J'ai craint d'inspirer peut-être à votre gouvernement des mesures qu'il ne voudrait pas pousser jusqu'au bout; car le difficile ici n'est pas de prévoir et de parler, mais bien de sanctionner efficacement les communications faites à la cour de Rome.

Toutefois, j'aurai l'honneur de vous soumettre prochainement un exposé de la situation, dès que nous aurons la formule définitive sous laquelle on veut nous faire délibérer : car ce qu'on nous a remis n'est encore qu'un avant-projet.

La minorité reste compacte, sauf les pertes que lui font éprouver la maladie et l'éloignement de plusieurs, et la mort de quelques autres, celle de l'évêque d'Evreux par exemple. Elle fera de son mieux dans la lutte et elle ne désespère pas encore de la victoire.

Je vous prie d'agréer l'hommage des sentiments de profond respect avec lesquels je suis,

De Votre Majesté,

Sire,

Le très humble et très fidèle sujet,

G., archevêque de Paris, grand aumônier de l'Empereur.

XXX

Lettre de M. Maret, évêque de Sura, à l'Empereur [1].

Paris, 5 juillet 1866.

Sire,

En ouvrant ce matin le *Moniteur*, les larmes me sont venues aux yeux, et je suis tombé à genoux pour rendre grâce à Dieu du triomphe de l'Empereur. Quel succès inouï dans l'histoire ! Quelle gloire immortelle couronne le front de Votre Majesté !

Sous l'œil et la main de Dieu, poursuivez, Sire, la magnificence de vos destinées ; et daignez permettre à un des plus humbles, mais non pas des moins dévoués de vos serviteurs, de déposer aux pieds de Votre Majesté l'hommage du plus profond respect, de la plus vive admiration, d'une inviolable fidélité.

✝ L. C., évêque de Sura.

Sorbonne.

1. Au moment de la cession de la Vénétie par l'Autriche à Napoléon III.

6

XXXI

Lettre de M. Wallon à M. Conti.

Monsieur,

Permettez-moi de me rappeler à votre très bienveillant et
très gracieux souvenir. La Providence semble avoir tout
conduit à souhait, jusqu'à me fournir un exemple de la
forme inusitée que je sollicite.

A vrai dire, ma plume est toujours un peu captive de
Mgr Maret ; voilà ce qui m'importe par-dessus tout. Mais
nous avons déjà beaucoup fait, les violents sont devenus
modérés ; il ne faut pas s'arrêter. On ne sait pas tout ce
que peut dans ce sens un journal vraiment politique, religieux et français [1].

C'est une erreur de croire qu'un évêque est plus apte
qu'un autre à dire les besoins de l'Eglise et à diriger la polémique. S'il a plus d'autorité dans le dogme, il est dans la
pratique sans cesse retenu par mille nécessités de personnes

[1]. C'est de l'*Étendard* qu'il s'agit.

ou de position. Son caractère l'oblige à ménager tout le monde au profit de sa propre situation, si bien qu'au lieu d'être un gage pour le clergé modéré, il semble plus se servir de lui que le servir ; et tout cela de la meilleure foi du monde par la force des choses. Voilà pourquoi je me sens encore bien impuissant, et pourquoi j'ose vous rappeler combien vraiment je m'honore d'être,

Monsieur,

En souvenir de votre gracieuse affabilité,

Votre très humble et très obéissant serviteur,

WALLON.

Je prépare deux nouvelles pétitions au Sénat, l'une sur la Sorbonne et les facultés de théologie qui pourraient beaucoup et qui ne font rien ; l'autre sur la ligue pour l'infaillibilité papale qu'on laisse s'organiser en silence. On me crie de tous côtés que je me perds ; qu'importe, si je défends la vérité !

XXXII

Lettre de M. le procureur général Dupin à l'Empereur.

Paris, ce 3 mai 1860.

Sire,

Je ne sais si Votre Majesté daignera jeter les yeux sur quelques parties du livre des *Libertés de l'Église gallicane*, dont je m'empresse de lui adresser le premier exemplaire.— Mais j'ai la confiance que ce ne serait pas sans utilité pour Elle-même.

Au fond, l'ouvrage entier n'est que la *défense* du pouvoir temporel contre les entreprises incessantes du pouvoir spirituel. Il a pour but de mettre en relief et de maintenir hors d'atteinte le principe fondamental que : *l'État, dont l'Empereur est le représentant auguste et suprême, est une puissance souveraine qui ne dépend d'aucune autre.*

— Le roi de France, disaient nos pères; l'Empereur, disons-nous, ne relève que de Dieu et de son épée !

Voilà ce qu'on devrait enseigner dans nos Écoles de droit.

J'ai l'honneur d'être, avec un profond respect,

      Sire,

De Votre Majesté, le très obéissant et fidèle serviteur,

                        DUPIN.

XXXIII

Lettre de M. de la Tour, député, au Prince-Président.

Châtenay, par Antony, 12 juillet 1852.

Monseigneur,

On m'a communiqué la note par laquelle vous accordez 40,000 francs à l'hospice de Tréguier. Je vous en remercie mille fois. Grâce à vous, un bien nécessaire, dont on désespérait, se réalisera : un grand nombre de malheureux auront un asile sain. Mes concitoyens prient Dieu de vous récompenser de votre bon cœur. Que je voudrais vous comprendre et vous seconder en toutes choses, pour vous prouver combien je serais heureux de vous servir. Mais vous m'avez prévenu que « si nos sentiments sont les mêmes, les moyens sont parfois différents. » Puissiez-vous être toujours mieux éclairé que je ne le suis.

Je crains cependant que votre gouvernement n'ait commis une faute en faisant supprimer la *Correspondance de Rome*. — Je vous supplie encore une fois de ne pas prendre parti pour les évêques gallicans, de demeurer au moins neutre vis-à-vis d'eux, si vous voulez conserver les sympathies de la masse du clergé. Derrière eux, d'ailleurs, se cache souvent le plus remuant de tous vos adversaires, l'inventeur de la *fusion*, ce prélat qui dirige trois journaux vers ce but.

Votre gouvernement a travaillé pour lui en arrachant au Pape la suppression d'un obscur journal théologique, dont presque personne ne connaissait l'existence, mais qui déplaisait au remuant prélat. Il suffirait peut-être de quelques actes de ce genre pour diminuer l'attachement que la plupart des prêtres ont pour vous. J'en serais bien affligé, car je crois qu'aucun pouvoir ne pourrait être aussi utile que le vôtre à la religion et à la France. Le Corps législatif vous demeure dévoué, aux trois quarts, au moins. Le mécanisme suivi par les lois est évidemment convenable. — Mais beaucoup de députés désirent que l'administration soit plus fortement et plus directement représentée lors de l'examen et de la discussion du budget; que les directeurs soient mis en rapport avec la commission du budget, en présence des conseillers d'État désignés, et que l'on discute préalablement dans cette réunion les amendements proposés par la commission. Cinquante députés se sont joints à moi pour encourager, par une lettre, MM. les ministres à faire exécuter les ordonnances de votre gouvernement touchant l'observation des jours fériés. J'ai communiqué cette lettre à MM. les ministres de l'intérieur, de la police et des travaux publics; leurs bons sentiments nous font espérer qu'ils y auront égard.

Beaucoup d'entre nous souhaiteraient aussi que l'on nommât des aumôniers de division, pour l'armée, et que l'on chargeât les lazaristes de les fournir.

On vous a su gré du retrait des impôts et de la promesse d'économies. Les impôts sur les successions et sur les chevaux et voitures avaient surtout déplu dans ma province.

Ne pourriez-vous pas restreindre la franc-maçonnerie et annihiler autant que possible ce qui resterait de cette détestable institution ?

Il en est des francs-maçons comme de la garde nationale : moins il y en a et mieux cela vaut. J'ai appris avec grand intérêt que la formation d'une réserve selon vos plans est à l'étude. — Ne pourrait-on pas augmenter les retraites des soldats par des primes de recrutement mises à la caisse d'épargne, les pensions des officiers par une retenue de 1 à 5 p. 0/0 sur leur solde, enfin les retraites des soldats et sous-officiers de la gendarmerie par un petit supplément ?

Il suffirait de 35,000 francs, la première année, pour rendre ces dernières suffisantes. Le Corps législatif approuverait certainement cette petite augmentation. — Le côté faible de notre armée, c'est de n'avoir pas de vieux soldats : on la fortifierait beaucoup en améliorant les retraites.

Vos adversaires se flattent que vous commettrez des abus de pouvoir. Ils fondent là-dessus leurs espérances principales; elles seront sans doute déçues.

On parle, pour un évêché, de l'abbé Petetot et l'abbé de la Bouillerie, saints et dignes prêtres tous les deux. Au point de vue de l'aptitude, en matière religieuse comme en politique, mes amis préfèrent M. de la Bouillerie : je ne connais ni l'un ni l'autre.

Ne voyez pas l'ombre de présomption dans cette lettre, Monseigneur.

N'y voyez qu'un bien humble désir de témoigner à Votre

Altesse impériale, par quelques sincères indications, ma vive reconnaissance et mon respectueux dévouement.

DE LA TOUR.

M. de Persigny promet une compensation pour M. Larivière. J'en serai reconnaissant. Je serais fort aise aussi de la nomination de M. le député Bigrel à une recette particulière; nous sommes assurés de lui donner un bon remplaçant pour la députation.

XXVXI

Lettre de M. A. de Beauchesne à l'Empereur.

En tête, de la main de l'Empereur :

Mocquard répondra que je prends note.

N.

Et au-dessous, de la main de M. Mocquard :

Ecrit le 20 juin 61.

Sire,

Peu de temps après la mort de Mme la grande-duchesse, l'Empereur daigna me recevoir et me permettre de lui parler de ma fille à laquelle S. A. 1. portait un si tendre intérêt.

Sa Majesté, qui voulut bien m'écouter sur un projet de mariage formé pour cette chère enfant, daigna me promettre d'appeler dans un temps peu éloigné M. Bellaigne de Bughas, percepteur des finances à Connaux (Gard), à une recette particulière des finances.

Sire, s'il ne s'agissait que de moi, je dormirais tranquille, certain de trouver au réveil l'accomplissement de cette Parole infaillible.

Mais, dès ce jour-là, je donnai mon consentement à une union désirée également par les deux familles. Je me trouve aujourd'hui en présence de troubles et d'impatiences que je vois grandir depuis dix-sept mois avec une émotion croissante, et le cœur magnanime de l'Empereur me pardonnera, je l'espère, de mettre à ses pieds l'aveu de mes tribulations et de mes espérances paternelles.

Je suis, avec le plus profond respect,

Sire,

de Votre Majesté,

le très humble, très obéissant serviteur et fidèle sujet,

A. DE BEAUCHESNE.

Le 6 juin 1861.
23, rue de Beaune.

XXXV

Note de M. Louis Veuillot adressée au cabinet de l'Empereur par M. de la Tour, député, qui avait fait avec M. Louis Veuillot le voyage dont il est ici question.

Dans toutes nos rencontres avec les ecclésiastiques des Côtes-du-Nord, nous nous sommes bornés à répéter ce que nous disons chaque jour dans le journal, à savoir que les catholiques doivent à l'Empereur non-seulement leur appui, mais leur reconnaissance. Il s'est montré dans toutes les occasions libéral, éclairé, bienveillant. Il n'a pas fait le mal qu'il pouvait faire, et il a fait le bien qu'il pouvait ne pas faire. Ce que nous connaissons de lui nous démontre que cette attitude n'est pas, comme le disent quelques ingrats, l'objet d'une politique trompeuse, mais une conséquence naturelle de son bon esprit et de ses hautes qualités. Dans l'état où tant de révolutions avaient jeté la France, elle pouvait recevoir un maître quel qu'il fût. Il a plu à Dieu de lui donner un roi, un chef dont l'élévation réunit tous les . caractères de la légitimité, et dont les qualités personnelles justifient le choix de la Providence. Ce que Louis-Napoléon a fait pour la religion, partant pour l'ordre social, aucun autre homme connu ne l'aurait pu faire et peut-être ne l'aurait voulu faire. L'Eglise jouit sous son règne d'une liberté qu'elle n'a pas possédée depuis longtemps, depuis des siècles. Elle était plus forte par sa constitution politique sous l'ancienne monarchie, elle était moins libre. Quand l'Eglise est libre, toute autre liberté légitime est à couvert ou germe et s'enracine à son ombre. L'instinct de la tyrannie ne se trompe jamais à cet égard. Il met l'étouffoir là où Napoléon laisse arriver le soleil. C'est à cela que je reconnais en lui un esprit vraiment grand, vraiment libéral et j'oserais dire vraiment royal. Il n'a pas peur de la liberté de l'Eglise, c'est-à-dire qu'il n'a pas peur des bonnes mœurs, du sentiment de la justice, des légitimes aspirations de la vraie liberté.

Nous avons ajouté que les bonnes choses qu'il ne fait pas directement, c'est qu'il croit en conscience ne les pouvoir faire ; mais que dans ce cas il n'y apporte point d'entraves et souvent il les seconde.

Et nous en venions toujours à cette conclusion, que ce que nous avons à faire, nous autres catholiques, c'est d'accepter sincèrement ce gouvernement comme un don de la Providence, de l'appuyer tout haut , de faire des vœux pour qu'il dure, et de ne pas nous décourager quand même nous croirions voir qu'il se trompe quelquefois.

Je n'ai caché nulle part que quand j'ai eu le bonheur de me voir aux pieds du Souverain-Pontife, je l'ai entendu dire en propres termes que la ligne politique du journal était bonne, quoique je ne l'eusse point questionné là-dessus.

Toutes ces idées ont obtenu partout une approbation unanime. J'ai acquis la certitude que si l'on peut attribuer une opinion politique au clergé des Côtes-du-Nord (je peux en dire à peu près autant de celui du Morbihan), il est napoléonien ; le clergé sort tout entier du peuple. Par cette origine, il appartient déjà au pouvoir nouveau. La ruine des idées gallicanes l'a laissé tout-à-fait libre d'un autre côté. Avec Rome, il croit que Dieu seul donne et ôte les couronnes et que les desseins de la Providence sont remplis quand la main qui possède la force protége la vérité. C'est dans le sacerdoce que se trouvent, je ne crains pas de l'affirmer, les amis les plus sincères et les plus désintéressés de l'Empereur ; et le prêtre qui l'aime le moins, s'il est bon prêtre, lui souhaiterait sincèrement d'égaler Charlemagne et Saint Louis.

Louis VEUILLOT.

Paris, 29 septembre 1854.

XXXVI

Aspasie.

Cette épigramme, sans signature, et d'une écriture inconnue, était dans les papiers du cabinet de l'Empereur. Le lecteur trouvera peut-être le nom de la dame au petit corps.

Aspasie est à Rheims ; la belle *courtisanne*
A récemment troqué Socrate contre un âne,
Et sur cette monture, à grands coups de canif,
Prétend forcer le seuil du Corps législatif.
La porte céderait à ses jolis doigts roses,
Elle-même entrerait, ayant un petit corps,
Mais la dame a compté sans les métamorphoses :
Son âne était trop grand ; c'était un cerf dix cors.

XXXVII

*Analyse par le cabinet de l'Empereur d'une note adressée
à S. M. par le marquis de Verteillac.*

20 mai 1857.

Le marquis de Verteillac :

La noblesse du département de la Vienne est disposée à
se rallier à l'Empereur, parce qu'elle reconnaît les progrès
de la morale depuis l'avénement de Sa Majesté au trône.

Il croit devoir, en constatant cette amélioration dans le
civil, faire connaître la conduite immorale des officiers du
2ᵉ hussards, en garnison à Poitiers, et la mauvaise intelligence qui existe entre l'autorité municipale et l'autorité militaire.

XXXVIII

Lettre de M. Blofeld à l'Empereur.

Traduit.

Adresse : Pour peu de temps à Paris, hôtel
d'Allemagne, rue Strasbourg.
Résidence : 156, Hoane-street, London.

Sire,

J'ai le bâton de constable (avec le certificat du marguillier
(Church wardens), le déclarant authentique) que Votre
Majesté avait lorsque vous fonctionnâtes comme constable
spécial à Londres, lors des émeutes chartistes.

Je serais heureux de le vendre à Votre Majesté pour 300 fr.;
et en considérant que c'est maintenant une relique histo-
rique d'un grand intérêt, je trouve que ce n'est pas cher

J'ai l'honneur d'être, avec un profond respect, le fort obéissant et très humble serviteur de Votre Majesté,

J. BLOFELD.

A Sa Majesté Impériale Napoléon III,
Empereur de France, roi d'Algérie, etc., etc.

3 février 1857.

En marge, cette mention : *M. Mocquard a répondu par un refus.*

XXXIX

Rapports à l'Empereur.

Ils touchent à tout : politique, gouvernement, littérature, arts, hommes et choses du jour. Ils sont signés *Elisabeth*. L'écriture, d'ailleurs, et la manière sont d'une femme.

I

Sire,

Comme Votre Majesté savait mieux que qui que ce soit à quoi s'en tenir sur la valeur des bruits de réformes libérales qu'on faisait courir ces temps derniers, je n'ai pas cru devoir lui écrire que ces prétendus bruits étaient une manœuvre.

L'opposition maintenant travaille par manœuvres. On voit que M. Thiers est dans l'armée active.

Le mot de malveillance, prononcé par le *Moniteur*, tombait donc fort juste.

Les finauds, les meneurs croient avoir découvert que Votre Majesté ne fait jamais ce qui est annoncé; aussi ne trouvent-ils rien de mieux que d'annoncer ce qu'ils ne veulent pas qui se fasse. Ils croient avoir découvert aussi que Votre Majesté ne se sert point volontiers des gens qu'on lui désigne. Aussi, quand ils veulent rendre un homme impossible, ne cessent-ils de le mettre en avant.

Ces messieurs ne veulent point de réformes libérales. — Je parle des finauds et des *meneux*, toujours s'entend, et non du troupeau. — Si Votre Majesté donnait ce qu'ils demandent à cor et à cris, que deviendraient-ils, grand Dieu! Ce serait tuer sous eux leur cheval de bataille. Il est vrai qu'ils se pourvoiraient d'un autre; mais encore n'est-il point facile d'en avoir un bon.

Ils ne veulent donc pas de réformes libérales, et ils se disent : « Nous avons annoncé les réformes, et, par cela même, si l'Empereur avait quelque velléité de les donner, il ne les donnera pas. Ne pouvant donc nous servir des réformes pour le combattre, nous exploiterons au moins son refus de notre mieux. En ce sens, la note du *Moniteur*, tout en perçant à jour leurs intrigues, ne leur a point déplut (*si*). C'est un point d'appui. Ils eussent été plus déçus si le gouvernement ne leur eût rien répondu.

Ces messieurs veulent encore moins de M. Ollivier. Aussi, de peur que Votre Majesté en fasse quelque chose, se hâtent-ils d'en faire un premier ministre.

L'envergure de ces manœuvres, leur but et leur portée n'en désignent-ils pas l'inspirateur — un petit foutriquet

finassier et tacticien, ayant quatre pieds de haut et croyant
fermement que l'étiage de son crâne marque le niveau des
grandes eaux de l'intelligence ? C'est encore une petite
finasserie qui fait aller Votre Majesté à Marseille et à
Toulon pendant le choléra.

M. Mocquard me reprochait toujours mes spéculations
idéologiques. « Des faits, des faits ! » me disait-il. A quoi
je lui répondais : « Les idées sont génératrices des faits. »

Il y a tout à l'heure deux ans que j'ai écrit à Votre
Majesté tout le parti que l'opposition tirerait de l'idée de la
décentralisation. Alors la plupart des hommes, au nom de
l'opposition qui la préconise aujourd'hui, n'y avaient
point encore pensé. Le petit groupe du *Courrier du Dimanche* seul, un journal qui ne faisait point ses frais, dirigé par
un homme obscur, M. Charles Lambert de Sainte-Croix,
prêchait la décentralisation. Aujourd'hui, la voilà à l'ordre
du jour général. Et comme c'est un mot neuf, annonçant
une chose nouvelle qui plaît à la province encore irritée de
la surprise de 48, et altérée de prendre sa revanche, il aura
beaucoup d'écho. — La *décentralisation* en 1865, c'est la
réforme en 1845, — le drapeau, le mot d'ordre, le point chargé
de l'horizon.

Il serait puéril d'entrer ici dans la discussion de la chose
elle-même qui a été épuisée par les journaux ; mais peut-
être ne sera-t-il pas inutile de remarquer d'où l'idée est
sortie et comment elle a fait son chemin. On verra par là
d'où vient aujourd'hui la projection morale qui donne tôt ou
tard le branle aux forces matérielles. On se convaincra que
ce ne sont point les générations précédentes qui ont de l'influence, mais les générations suivantes ; en un mot, que les
hommes de cinquante ans reçoivent le mot d'ordre de ceux

de vingt-cinq. Ce sont donc ces derniers qu'il faut conquérir et rattacher à l'Empire.

Une idée corollaire et subsidiaire à la décentralisation
qui fera son chemin encore et que je signale à nouveau, c'est
celle de la réforme de l'héritage, — discours du baron de
Veauce, — livre de M. Le Play ; dans ce livre, surtout, que
de semences qui germeront!

Il y a bien des gens qui pensent que la guerre du Schles-
wig et la convention de Gastein nous vaudront les frontières
du Rhin; mais il est impossible, quoi qu'il en résulte, de ne
pas admirer combien, à cet égard, les choses sont bien menées. Si on les a, ce sera non-seulement sans coup férir,
mais encore du consentement général.

. . . .

. . . .

. . . .

. . . .

A propos de presse, on parlait il y a quelque temps, dans
un milieu littéraire, des articles de M. A... dans le *Moniteur*. On apprécie , déjà depuis longtemps , M. A... à
sa valeur : un ambitieux qui a de l'esprit et qui manie bien
la langue de Voltaire ; mais, en parlant de ses volte-face
répétées, on disait : « Le gouvernement cueille ainsi dans
les champs de l'opposition tous les pavots qui élèvent leurs
têtes au-dessus des autres, puis les transplante dans ses
propres champs. Le pavot est une plante qui ne se repique
pas ; ceux-ci s'étiolent, pâlissent et s'éteignent. Barthélemy,
le poëte, n'a plus eu de talent le jour où le gouvernement
de juillet lui a fait 6,000 livres de rentes. — Comme on ache-

tait une plume à bon marché dans ce temps-là! — Donc, si l'Empire ne veut qu'annihiler des ennemis, il a raison; mais s'il veut faire des recrues, il a tort. »

« — Pourquoi ?

« — Les convictions ne s'improvisent pas et, dans le domaine des choses élevées, l'homme convaincu, seul, a la puissance de convaincre; dans le domaine des choses futiles, il faut un but au tireur qui veut faire mouche ; le feuilletonniste qui n'a plus de but où lancer ses flèches barbelées devient vite unicolore. On peut répondre que rien ne l'empêcherait de se retourner contre ses anciens amis ; mais alors, quel pugilat! Et il ne saurait convenir à un journal gouvernemental de lui donner asile.

« D'ailleurs, il ne faudrait pas au gouvernement des hommes ayant trop d'ennemis. — C'est une dot fâcheuse pour entrer en ménage — et tout transfuge a pour ennemis ceux qu'il a quittés. »

« — Mais si le gouvernement veut des plumes, ajoutait-on, que ne jette-t-il les yeux sur ceux de ses amis sincères qui ont du talent ? Il y en a, pourtant.

« Il y a des écrivains imbus de l'idée impériale, dévoués par raisonnement, par conviction, par patriotisme, qui seraient capables de tenir tête à n'importe quel héraut de la politique ennemie, et qui, mis à l'œuvre, ne seraient point méprisés comme transfuges, parce qu'en défendant les institutions impériales, ils ne chanteraient pas la palinodie. »

On croit toujours, dans certains cercles, que la convention du 15 septembre ne s'exécutera pas ; que, quel que soit l'entêtement du Pape, Votre Majesté ne le laissera pas, après l'avoir soutenu si longtemps.

Les politiques, d'ailleurs, pensent que, dans ce cas, Rome

ferait un appel suprême au catholicisme européen. Appel·
religieux qui motiverait une démonstration formidablement
pacifique — (comme cette fameuse canonisation de saints,
dont on parlait pour le mois de juin prochain) — et que
Votre Majesté ne se heurtera pas à un conflit.

Les frères Davenport ont réveillé les discussions spirites.
Des frères ni des discussions je ne dirai rien, bien entendu;
mais à ce propos, j'ai envie de raconter à Votre Majesté une
plaisante anecdote — où on la fait intervenir — et sous
quelle forme, grand Dieu ! — Mais je la supplie de considérer,
s'il y a crime de lèse-majesté, que je ne suis pas le coupable;
je livre M. Delamarre à sa haute justice, et si elle daigne
sourire, le narrateur au moins sera pardonné.

Donc, un beau jour, le rédacteur en chef de la *Patrie* était
dans son bureau, seul, les mains posées sur le guéridon inspirateur, lorsque sa porte s'ouvrit et donna passage à un
messager du ministère de l'intérieur qui venait lui faire
des reproches, à propos de quelques articles assez mala-
droits sur une question grave.

M. Billault était ministre de l'intérieur et M. de La Guéronnière directeur de la presse. L'histoire, donc, ne date
pas d'hier.

— Monsieur, dit le messager du ministère, le beau
Dronsart, M. de La Guéronnière me charge de vous exprimer
son étonnement de l'attitude que vous prenez sur telle
question.

— Monsieur, rassurez M. de La Guéronnière; je prends
l'attitude qui convient; dites-lui que je suis bien informé.

— Mais, Monsieur, je dois ajouter que le ministre lui-
même a vu avec peine.....

— Rassurez aussi le ministre! je sais ce qu'il faut dire.

— Mais, Monsieur Delamarre, je vous assure que vous vous trompez, je puis même vous dire, en confidence, qu'hier, au conseil des ministres, on s'est occupé de ces articles.

— Ah !

— Et que tout le monde a été d'avis d'y couper court. Ainsi donc, dès aujourd'hui, ménagez une transition adroite et.....

— Mais, mon cher Dronsart, je vous répète que je sais à quoi m'en tenir !...

— Les ministres !...

— Oh ! mon dieu ! les ministres sont des commis sous ce gouvernement-ci.

— Eh bien, s'il faut tout vous dire, l'Empereur lui-même a blâmé ces malencontreux articles !

— L'Empereur ?

— Oui !

— Quand ?

— Mais, je vous le répète, hier matin, au conseil.

— Eh ! hier matin !... Eh bien, Monsieur, moi, j'ai causé avec l'Empereur hier au soir, et il m'a exprimé sa satisfaction et dit de continuer !

Coup de théâtre. — Dronsart, épaté, se retire.

De retour au ministère, il raconte la chose à M. de La Guéronnière, qui en est consterné. — M. de La Guéronnière va le dire à M. Billault, qui entre en fureur.

— C'est trop fort ! L'Empereur nous traite comme des valets ! tandis qu'il nous donne un mot d'ordre, il en donne un autre à son cabinet, qui fait faire en dessous des articles opposés aux articles que nous commandons ! On ne peut pas gouverner dans ces conditions-là ! C'est un rôle que je n'accepte pas ! — Qu'on aille chercher Limayrac, et qu'il nous dise ce que c'est que cette intrigue.

Arrive M. Limayrac.

— Monsieur, s'écrie le ministre, quels ordres avez-vous reçus touchant telle question ?

— Mais, monsieur le ministre, si vous lisez le *Constitutionnel*, vous pouvez voir que nous sommes fidèles au programme reçu.

— Pas de faux-fuyants ! Soyez clair.

— Y aurait-il quelque maladresse ? Me serais-je trompé ? MM. X. et Z. auraient-ils mal compris les ordres que...

— Au fait, vous dis-je. Au cabinet de l'Empereur, que vous a-t-on dit ?

— Rien.

— Faites attention, je vous le répète, que je demande, que j'exige toute franchise.

— Je ne puis être plus sincère.

— On ne vous a pas engagé à parler dans le même sens que la *Patrie*?

— Au contraire ! Nous nous demandons, en lisant la *Patrie*, ce que cela signifie...

— Voilà qui devient plus fort ! Qui trompe-t-on ici ? — Qu'on aille chercher M. Delamarre !

Explication orageuse et conclusion.

M. Delamarre, bien plus fort que les « mediums » ordinaires et bien plus puissant aussi, détache les âmes des corps pendant le sommeil, et fait comparoir devant son guéridon, non-seulement Clovis et Henri IV, comme chacun peut faire, — mais... Napoléon III lui-même !

Par ainsi, c'est du souverain et non de ses délégués qu'il reçoit des inspirations..., et il connaît les plus secrètes pensées de Votre Majesté !

Quelles conséquences ne pourrait pas avoir une si redoutable puissance? On n'ose y penser sans frémir... Mais que M. Delamarre est heureux !

Ah ! si j'avais son pouvoir deux minutes, comme j'en profiterais pour demander à Votre Majesté bien des choses... entre autres, ce qu'elle pense de mes chétives correspondances, et si elle croit à l'attachement inviolable de son serviteur.

ÉLISABETH.

A l'Empereur.

II

SOMMAIRE.

La réduction de l'armée et les emplois civils ouverts aux démissionnaires. — L'armée et la bourgeoisie. — Le congrès intellectuel de M. Duruy. — Les Anglais à la Jamaïque. — Les traités de commerce et leur intervention dans la politique pacifique. — Emile Ollivier ; sa position et son affaire devant le conseil de l'Ordre. — Le congrès des étudiants. — Le nouvel ouvrage de Victor Hugo. — Les articles du *Constitutionnel* et Proudhon. — L'estampille et l'*Histoire d'un homme du peuple*. — Erckmann-Chatrian. — Les romans de MM. P... et Cie. — Deux inventions céramiques qui peuvent faire briller la France à l'exposition de 1867. — Les dernières élections législatives. — Leur sens. — Du plus puissant levier de l'opposition. — La décentralisation. — Une pétition au Sénat contre la peine de mort.

Sire,

La réduction de l'armée est une mesure excellente, indépendamment de son résultat économique, parce que :

1° Elle ferme sur un point la bouche à l'opposition ;

2° Et surtout parce qu'elle contente le pays. Le pays veut la paix ; et la réduction de l'armée, bien qu'au fond elle ne change rien à notre organisation militaire, est un gage de la politique pacifique que compte suivre Votre Majesté ; ensuite, il est clair, qu'en dépit de la modération de la mesure et des compensations données, l'armée, toujours si ombrageuse, se sent atteinte.

Or, on se dit : Si l'Empereur touche à l'armée, au risque de la mécontenter, c'est donc qu'il ne se sent pas besoin d'elle ; c'est qu'au demeurant il s'appuie sur le pays plus que sur les prétoriens.

Toutefois, la nouvelle mesure qui met un certain nombre d'emplois civils à la portée des militaires est venue fort à propos. Elle prévient tout germe d'antagonisme entre l'armée et la bourgeoisie. Elle indique qu'en frappant l'armée au nom d'une mesure d'utilité publique, Votre Majesté lui donnera cependant satisfaction dans le détail. Tant mieux, car après tout l'armée est un pont solide et la bourgeoisie une planche pourrie.

Et puis l'armée a sur la bourgeoisie un grand avantage, entre autres : elle sait ce qu'elle veut... et... on sait comment la prendre.

Avec son congrès intellectuel, M. Duruy baisse dans l'opinion.

L'idée est nuageuse, l'exécution difficile, et le but ?... — aurait son prix ; — mais il faut l'atteindre ! Est-ce que jamais les épreuves du baccalauréat ont été une échelle juste pour mesurer l'étiage des intelligences ?

Les Anglais vont bien à la Jamaïque ! Encore une preuve

du respect qu'ils ont pour la légalité et le droit des gens, lorsque leurs intérêts sont en jeu ! Mais comme l'exemple est flagrant et que l'observation saute aux yeux de chacun, comme par pudeur nationale le *Times* criera tout le premier, le gouvernement anglais se hâtera de désavouer son agent, — dès que les exécutions seront finies, — pour le récompenser convenablement en secret. Par ainsi, le coup sera fait et on retirera aux gouvernements étrangers le droit de faire un pendant à l'article de l'*Irish-people.*

(Voilà ce que l'on pensait hier. — Aujourd'hui, on a vu le *Times* et on s'étonne !)

Plus on va, plus les traités de commerce achèvent les évolutions que les armes ou la diplomatie ont commencées. Tout est si bien qu'avant peu on pourra les laisser faire tout seuls. Entre souverains comme entre particuliers, les liens de famille ou de principes sont fortement ébranlés par les intérêts. La Bavière reconnaîtra l'Italie en dépit de « la spoliation napolitaine : » François II, oui ! Son héroïque jeune femme, oui..... Mais madame la Sainte-Houille et S. M. le roi Coton !

Émile Ollivier continue à être la bête noire de son ancien parti ; l'histoire de son mariage avec mademoiselle Bouvet est un raffinement de méchanceté qui prouve jusqu'où va la malice de son parti ! Je ne sais si Votre Majesté l'emploiera jamais, mais pour le moment je crois que son accession au gouvernement aurait bien des inconvénients. Il apporterait en dot plus d'ennemis que de valeurs, plus de vengeances inassouvies que de surface sociale et de talent.

C'est son discours de l'an passé sur l'ensemble de l'adresse, sa profession de foi donnée solennellement en préface aux travaux de la session dernière, qui est le plus impardonnable des griefs.

Quant à sa radiation sur le tableau des avocats, dont les journaux ont parlé, c'est encore un bruit propagé par la malveillance.

Une certaine loi réglementaire de l'Ordre ne permet pas qu'un avocat exerce activement sa profession pendant qu'il remplit ailleurs certaines fonctions qui peuvent, dans des cas à prévoir, l'amener comme partie devant la justice. Par sa position auprès de la Compagnie de l'isthme de Suez, M. Emile Ollivier tombe sous le coup du règlement.

Mais il est omis au tableau et non pas rayé; et l'omission cessera en même temps que les fonctions réputées incompatibles.

Du congrès des étudiants, je n'en parlerai pas à Votre Majesté. En dépit de la polémique des journaux, justice est faite par l'opinion. On pense que ces jeunes gens n'ont pas été assez fouettés dans leur enfance.

Justice est faite aussi dans l'opinion, malgré les trompettes de la presse, sur le livre de la décadence poétique de Victor Hugo : *Chansons des rues et des bois.*

On a beaucoup remarqué les articles du *Constitutionnel* sur Proudhon, et comme avec étonnement. Il est bizarre que personne ne se soit encore avisé de penser que le *Constitutionnel* devait bien un cierge à l'un des hommes qui a été le plus utile à l'établissement et à la consolidation de l'Empire, — sans le savoir et en le sachant.

J'entends dire qu'on refuse l'estampille à « l'*Histoire d'un homme du peuple* » de MM. Erckmann-Chatrian. J'ai lu ce livre et je trouve que ce n'est pas un grand chef-d'œuvre et qu'il ne vaut

« Ni cet excès d'honneur, ni cette indignité. »

MM. Erckmann-Chatrian ont commencé par publier quelques romans insignifiants et ennuyeux. Puis ils ont fait le *Conscrit de* 1813, avec une idée qui était à son heure et qui, par conséquent, devait trouver de l'écho. La forme y était merveilleusement adaptée. Le tout fit un livre d'un mauvais esprit national et d'une haute valeur artistique ; — un livre qui a sa place marquée dans les bibliothèques des lettrés et qui ne devrait pas être lu par le peuple, et à mon sens, je le trouve infiniment plus à redouter que « l'*Histoire d'un homme du peuple*, » qui est la troisième ou quatrième mouture du même sac.

Seulement, ce dernier ouvrage annonce une suite de romans sur l'histoire contemporaine. Les événements sont encore chauds ; sans doute, on craint que les romans ne remuent les passions. On a tort ; forcément MM. Erckmann-Chatrian seront modérés et ne feront pas de livres incendiaires : il faut que les romans passent dans des journaux en feuilletons ; — il faut bien des choses qui condamneront cette histoire palpitante à être arrangée en miroton.

De mauvais romans, bien qu'ils ne touchent point à la politique, ce sont ceux de MM. P... et Cie. Ces romans, livrés pour un sou en reproductions dans les journaux populaires, regorgent des notions les plus fausses et des doctrines les plus dangereuses, des données historiques les plus absurdes ; et n'est-ce pas démoraliser les masses que de leur oblitérer le sens moral, de leur fausser le jugement, de leur conter des bourdes à dormir debout ? On voit avec peine les journaux du gouvernement ouvrir leurs colonnes à ces choses.

M. de Monestrol, marquis d'Esquille, dit le potier de Rungis, est un inventeur dont Votre Majesté aura sans doute entendu parler; — comme Bernard de Palissy, il passe sa vie à faire cuire des pots et à chercher des émaux. Il a trouvé, dans cet ordre de produits, des choses utiles, productives et intéressantes. Comme tous les inventeurs, d'ailleurs, il est parfait pour l'exécution et la mise en valeur de ses inventions. Il a le cerveau en l'air et les poches vides. Mais cela n'empêche pas que des organisations comme la sienne ne soient rares. Au moment où l'exposition universelle se prépare, comme je sais l'intérêt que Votre Majesté prend à ce que notre supériorité dans l'art appliqué à l'industrie se conserve, je crois qu'il n'est pas inopportun de lui signaler deux découvertes nouvelles du potier de Rungis. Il faut d'ailleurs remarquer que M. de Monestrol est très fécond et peu persévérant; c'est un de ces hommes que les Anglais achètent pour un morceau de pain et dont ils tirent des millions en perfectionnant leurs découvertes et les assouplissant à l'application.

Donc M. de Monestrol a trouvé : 1° les couleurs métalliques sur faïence — un spécimen est à l'exposition des Champs-Elysées. — Elles sont *coulées*, mais elles vont, et aujourd'hui peuvent s'employer beaucoup mieux. — Personne encore n'a fait cela. En donnant à M. de Monestrol un travail qui le forcerait à perfectionner son procédé, nous pourrions avoir à l'exposition des majoliques réussies;

2° Il vient de mettre les couleurs céramiques en crayons, en pastels. — Ceci pourrait populariser infiniment l'art céramique qui serait ainsi à la portée de quiconque dessine tant bien que mal. J'ai moi-même expérimenté ces crayons, et

ce que j'ai dessiné sur biscuit est revenu parfaitement co-
loré et émaillé de la cuisson. J'enverrai avant peu un spécimen à Votre Majesté.

Mais voici bien des menus suffrages, et je craindrais
d'avoir abusé si je ne savais que Votre Majesté daigne des-
cendre jusqu'aux détails de toutes choses; je voulais lui
transmettre le résumé des observations que j'ai entendu
faire sur la brochure touchant l'Algérie; mais quelques
renseignements me manquent encore, et je devrai remettre
à un troisième envoi la fin de cette longue correspondance.

J'aurai l'honneur actuellement de toucher deux graves
sujets : les dernières élections et une pétition contre la peine
de mort, couverte de douze mille signatures qui, est au
Sénat [1].

Une étrange contradiction frappe en ce moment les esprits qui ont besoin de relier les effets à leurs causes. Tandis
qu'ils constatent la grandeur actuelle de la France et le
patriotisme du gouvernement de Votre Majesté, ils s'éton-
nent de voir l'opposition recruter des adhérents. Sans accep-
tion de parti, tous les gens raisonnables reconnaissent le
soin que prend Votre Majesté de donner satisfaction aux
vœux du pays. Que si l'on questionne individuellement les
hommes, chacun en reconnaissant l'habileté incomparable
avec laquelle Votre Majesté a suivi, depuis 1848, tous les
mouvements de l'opinion en la dominant, déclarera que son
gouvernement vaut mieux que tout autre pour le pays.

Et cependant chaque élection législative affirme un progrès de l'opposition — que le gouvernement l'emporte ou

(1). Cet alinéa est barré au crayon.

non — et cependant, j'aurai le courage de le dire, toutes les impressions qui reviennent de la province font prévoir, pour les prochaines élections générales, une armée hostile plus nombreuse encore.

A peine la France n'a plus peur qu'elle se mutine. Faut-il donc en désespérer et conclure que c'est un pays ingouvernable ?

Non certes ! Il y a des progrès immenses de faits dans la rénovation de notre esprit national, comme je le disais précédemment à Votre Majesté, et cette phrase que je me plais à répéter de la circulaire électorale de M. Marcel Barthe le constate :

« La France n'est d'aucun parti et ne veut pas de révolution. »

Elle ne veut pas de révolution, cela est certain.— La fera-t-elle donc sans le vouloir ? En vérité, c'est assez d'une fois ! — Non, elle n'en fera plus, elle y est décidée.

Mais avec quel levier les ennemis soulèvent-ils leur armée ?

J'ai cherché avec toute ma bonne volonté la réponse à cette question : j'ai interrogé, j'ai regardé le mobile secret au fond des consciences, et il m'a semblé voir que décidément *la forte machine de guerre de l'opposition était l'idée décentralisatrice, manœuvrée au point de vue des prétentions personnelles.*

Ces mêmes gens qui, en 1847, braillaient si fort : « La réforme ! la réforme ! » haïssent aujourd'hui le suffrage universel, et n'osant le battre en brèche de front au nom de la démocratie, tâchent d'en faire l'instrument de sa propre destruction.

La décentralisation, dans l'esprit des habiles, — qui se

gardent bien de le dire, — est le dissolvant du suffrage universel.

Je m'explique :

Autrefois, sous Louis-Philippe, par exemple, du temps des électeurs à 200 fr., on prenait le pays par le détail, — par individu. En admettant qu'il y eût cinq cents électeurs par arrondissement, quand on avait contenté trois cents d'entre eux, on avait l'arrondissement, — ou on croyait l'avoir, parce qu'on comptait sur ces trois cents *satisfaits* comme sur une manière de garnison.

Au demeurant, il ne s'agissait que d'acheter le pays légal avec l'argent du pays effectif; et c'était bien comme le pensait M. Thiers, bien qu'à vrai dire il y eût parfois des difficultés pour contenter MM. les électeurs et MM. les députés.

Mais le suffrage universel et l'Empire ont bouleversé tout cela. A la place des individus, ils ont mis les masses. Et au lieu de contenter trois cents personnes, on s'est appliqué à contenter ces masses, et, chose étrange! on s'est aperçu que c'était plus facile que de contenter les individus, et que les masses contentes répondaient bien à l'Empire; finalement, que c'était, en matière de gouvernement, l'histoire de l'œuf de Christophe Colomb.

Voilà pourquoi, pour saper l'Empire, il s'efforcent de prendre les masses en sous-œuvre, et tête par tête, pour ainsi dire.

Sur l'ensemble d'une circonscription, par exemple, ils lèvent... les capacités comme ils disent, — et, pour parler exactement, il faut dire les prétentions; — puis, faisant miroiter la décentralisation, ils les séduisent.

L'idée du pouvoir émanant de bas en haut, tout au contraire d'émaner de haut en bas, comme cela est actuellement, éveille bien des convoitises.

Chaque raisonneur de clocher est vite convaincu que les affaires de son village iraient mieux s'il s'en mêlait; si, au lieu de parler creux, dans un café vide, il pouvait se poser en orateur sur la place du marché.

Au lieu donc d'opérer sur des électeurs « censitaires, » comme sous Louis-Philippe, et de les prendre par leur intérêt, ils opèrent sur les raisonneurs et les prennent par la vanité. Tout homme qui se croit une valeur relative dans son milieu a l'ambition d'y tenir une des premières places, et, avec la décentralisation, telle que l'expliquent nos escobars opposants, la carrière s'ouvre au-devant des prétentions individuelles. Chacun prend l'espoir de conquérir sa petite part d'influence dans sa localité, sa province, de sortir de la foule, en un mot. Tel qui n'oserait penser qu'il peut être un homme politique à Paris, rêve volontiers qu'il en serait un à Nancy. Et, par ainsi, l'opposition, hier encore état-major sans soldats, est parvenue à lever une sorte d'armée de caporaux, — une manière de corps électoral de second degré. Et de même que les ministres de Louis-Philippe comptaient sur leur poignée de *satisfaits* dans chaque arrondissement, de même, nos meneurs comptent sur leur poignée d'ambitieux pour travailler une circonscription.

De ce qui précède, je ne prétends pas conclure que les idées décentralisatrices n'ont point de raison d'être, fondées sur les besoins sociaux actuels. Au contraire, — et c'est précisément parce qu'elles en ont, que l'opposition s'en sert comme d'un levier. Rien n'empêcherait Votre Majesté de s'en servir aussi; — mais c'est une terrible machine, — une machine infernale peut-être, — et, pour moi, chétif, je ne m'aventure pas à y toucher davantage.

La pétition contre la peine de mort, dont je parlais plus haut à Votre Majesté, est nécessairement destinée à être repoussée par le Sénat. Je crois que c'est regrettable; d'abord, cette pétition est couverte de *douze mille* signatures, — donc c'est une manifestation imposante ; — ensuite, elle est en même temps une œuvre de parti et l'expression d'un vœu national. — Oui, déjà je crois avoir eu l'occasion de le dire à Votre Majesté, l'abolition de la peine de mort est faite dans l'opinion ; or, c'est toujours une mauvaise chose que de laisser un parti s'emparer d'une idée qui a de l'écho dans les cœurs.

Un sénateur, qui la repoussera, cette pétition, me disait : — De qui est-elle signée ? de boutiquiers, de coiffeurs, d'artisans, gens qui n'entendent rien à la législation. — Ce sont ces gens-là qui composent le jury, lui répondis-je, et j'ajoutais mentalement, ce sont eux aussi qui composent l'armée de caporaux dont MM. Jules Favre et Pelletan sont les colonels.

Oui, l'abolition de la peine de mort est faite dans l'opinion. Mais ni le Sénat, ni le conseil d'Etat, ni la magistrature ne prononceront sa déchéance. Si la décision ne vient pas de plus haut, nous demeurerons encore longtemps ainsi dans un cercle vicieux, — entre le Code et la coutume, — l'une abrogeant l'autre.

L'abus des *circonstances atténuantes* devient criant.

Quoi ! récemment, un fils passe devant les assises, convaincu d'avoir assassiné et outragé sa mère, et... les *circonstances atténuantes* viennent l'empêcher de tomber sous le coup du plus grand supplice édicté par nos lois ? — Les circonstances atténuantes, où sont-elles ? — Est-ce l'outrage après le parricide ? En vérité, on ne sait où les prendre..., à moins qu'on ne fouille les consciences des jurés et qu'on n'y découvre ce sentiment intime que la société, qui a évidemment le droit de se défendre contre les malfaiteurs, — et de les punir par la privation de tous les biens sociaux, — n'a cependant pas celui de les tuer ; attendu que le pouvoir de reprendre la vie ne saurait justement appartenir qu'à la puissance créatrice, qui a celui de la donner.

Tous les raisonnements sophistiques échafaudés pour les besoins ou pour l'excuse d'autres temps et d'autres mœurs, s'écroulent devant cette indestructible vérité, car il n'y a pas de droit contre le droit.

Or, il est évident, qu'au point de vue absolu et supérieur, la loi n'est, pas plus que l'individu, justifiable de se faire homicide ; au point de vue relatif, elle ne l'est pas davantage.

On dit que la société est en cas de légitime défense contre l'assassin. Cela est faux, car les forces ne sont pas égales. D'ailleurs, parce qu'un homme égaré par la passion devient un moment bête sauvage, la société doit-elle en faire autant ?

Une mère a sept ou huit enfants, — l'un d'eux est un monstre et tue son frère, — la mère le rejettera de son sein, mais ne le tuera pas.

Le châtiment suprême ne peut être infligé que par le maître suprême. La société n'est que le pouvoir relatif.

Mais ces raisonnements sont dans l'air. Je n'abuserai pas de la longanimité de Votre Majesté en les développant ici. J'ai voulu dire seulement que, désormais, on ne les infirmera plus : qu'ils subsistent dans les consciences et que la preuve en paraît de toutes parts...; qu'en même temps il est scandaleux de voir la loi fléchir devant les plus horribles crimes, — de peur de dépasser son droit.

Pratiquement parlant, la peine de mort est inutile : la vue

d'un échafaud est un horrible spectacle et point du tout un exemple salutaire. Inutile aussi la prison cellulaire, — ce supplice sans but ; — inutiles les bagnes... C'est à Botany-Bay, à Cayenne, à Sydney, que l'esprit moderne envoie les malfaiteurs, les brigands, les natures hors cadre qui briseraient le monde social, si la société ne les expulsait.

Là, réunis à leurs pareils, ils fonderont, par la force des choses, une société nouvelle, — société de loups à laquelle l'avenir réserve peut-être une constitution puissante, lorsqu'ils auront limé leurs dents les unes contre les autres ; et n'a-t-on pas vu récemment l'étrange spectacle d'une ancienne colonie pénitentiaire anglaise, Van-Diémen, refusant à la métropole de nouveaux renforts, sous prétexte que ces criminels de fraîche date troubleraient le repos et inquiéteraient les intérêts des « colons » anciennement établis ?

Mais, Sire, j'arrête ici le correspondant bien humble de Votre Majesté qui devient idéologue, et je la prie de vouloir bien, en l'excusant, accepter le nouvel hommage de son dévouement.

ÉLISABETH.

XL

Note de police.

Rouyer, demeurant rue Marbœuf, 47, ancien employé de
la maison de Charles X, que la Révolution de 1830 a dépos-
sédé de son emploi. C'est un Vendéen, âme damnée du marquis de Larochejacquelein, qui, depuis 1830, a tour à tour
joué le rôle de philippiste, de républicain et de napoléoniste
pour servir plus sûrement la cause des Bourbons. Sachant
que la maison du prince Louis-Napoléon va s'organiser,
sous la direction de M. Clary, à l'aide de recommandations,
Rouyer a trouvé moyen de circonvenir M. Clary, afin d'obtenir une place d'huissier ou de valet de pied, pour être le
plus près possible du prince, et trouver l'occasion, dans un
temps donné, de glisser dans un breuvage ou nourriture
quelconque, une substance vénéneuse, pour attenter aux
jours du prince-président.

XLI

Note pour le prince Louis-Napoléon.

Cette note et la suivante sont d'un bas employé de la police, à en juger par la langue et l'orthographe qu'il a fallu corriger : les deux originaux étant sans cela à peu près illisibles.

Croire à la vérité des avertissements et les lire tous. Il est nécessaire qu'on ne donne pas tout de suite la liberté aux généraux.

Ainsi (*illisible*) a un plan depuis longtemps organisé pour soulever plusieurs départements. Ce plan est fait depuis la chute de la proposition des questeurs.

Comme plusieurs officiers ont l'obligation de leur avancement aux différents généraux arrêtés, ceux-ci espèrent, une fois en liberté, détacher quelques régiments de l'armée, et avec d'autres conspirateurs déjà organisés dans le Finistère, le Morbihan, quelques parties du Midi, se maintenir à la tête des lieux soulevés.

Il est nécessaire, Prince, que toutes mes lettres soient décachetées par Votre Altesse , car elles peuvent contenir des avertissements propres à empêcher l'effusion du sang. On a confiance dans un chef d'Etat qu'on aime ; mais on a des raisons de ne pas se confier à tout son entourage, où il n'y a que trop de traîtres.

En 1848, on avait la preuve que le général Oudinot était dévoué à Henri V ; en 1849, on a averti que le général Changarnier était également dévoué à Henri V, et qu'il trompait Votre Altesse ainsi que la famille d'Orléans.

Les événements ont prouvé qu'on disait vrai.

Paris, 8 décembre.

XLII

Note confidentielle pour le prince Louis-Napoléon.

Même écriture que celle de la note précédente.

Il y a à Paris des généraux qu'il faut faire surveiller.

Le général Canrobert a écrit le 5 ou le 6 de ce mois à la femme d'un général emprisonné, qu'une fois le coup fait, et les soldats dont il a le commandement n'ayant plus besoin de lui, il donnerait sa démission.

Or, peut-on compter sur la fidélité d'un général qui écrit cela à une femme ?

Et si l'on peut détacher quelques chefs, il suffira peut-être d'un ou deux régiments pour enlever l'armée : les soldats ne tireraient pas les uns contre les autres.

XLIII

M. Paul de Richemont au docteur Conneau.

CHEMIN DE FER D'ORLÉANS A BORDEAUX.
RUE DES TROIS-FRÈRES, 5.
Comité de direction.

Paris, le 9 décembre 1851.

Mon cher docteur,

Des nouvelles de Bretagne, que je reçois à l'instant, m'apprennent que le préfet de Nantes a eu la faiblesse de laisser publier et colporter le journal le *National de l'Ouest*. Cette feuille est détestable, elle fourmille de nouvelles controuvées, les légitimistes et les rouges les exploitent ; il serait je crois utile de donner au préfet de Nantes une leçon ou tout au moins un avis. C'est un fonctionnaire haut placé qui m'écrit et se plaint de l'effet que produit la publication de ce journal.

Tout à vous,

PAUL DE RICHEMONT.

XLIV

M. Lalou au colonel Espinasse.

Mon cher Colonel,

Les événements sont graves, les hommes intelligents et dévoués peuvent faire défaut ; ne laissez pas oublier au Prince que la position la plus obscure, s'il y a des services à rendre, serait acceptée par moi avec reconnaissance. Je meurs à Saint-Denis, quand je pense qu'il y a tant de gens à surveiller. Vous avez bien jugé le Prince !

Tout à vous de cœur,

Lalou.

Saint-Denis, le 3 décembre 1851.

P. S. Je n'ai qu'un regret, c'est de n'avoir pas écroué MM. Baze et Thiers ; quel plaisir !

XLV

Le préfet d'Ille-et-Vilaine au cabinet de l'Empereur.

1852.

(Extrait d'une lettre de M. John Sullivan, officier d'état-major, en date du 15 août.)

Lacroix, éditeur de la *Patrie* de Jersey, a été en France toute la semaine. C'est, je pense, pour s'organiser, afin de faire passer l'ouvrage de Hugo : *Napoléon le Petit*. Le consul [1] lui a donné un passe-port et l'a laissé aller sans en avertir les autorités françaises ; c'est un des plus grands ennemis du Prince. Lui et Eon, éditeur de l'*Impartial*, sont ·hommes à tout faire pour perdre la France.

1. Ce consul est fréquemment dénoncé par John Sullivan qui demande sa place.

Plusieurs des réfugiés qui sont à Jersey vont en France souvent avec des passe-ports qu'ils obtiennent sous un faux nom. Quelque jour nous aurons à déplorer quelque grand malheur ; on le regrettera alors, mais il sera trop tard.

XLVI

Lettre au colonel de P...

A Monsieur le colonel de P..., 77, r. Notre-Dame-des-Champs.

Paris. — France.
Turin, 18 janvier 61.

Mon cher père, il me tarde de recevoir de tes nouvelles, et ta lettre m'a été doublement agréable par les détails intéressants qu'elle contient. Je regrette de ne m'être pas dans le temps étendue plus longuement, lorsque je parlais du nid où reposent les *bombes*, les *poignards* et le *poison;* tu aurais pu démontrer au docteur Conneau que ce foyer de scélérats est d'autant plus dangereux qu'il est alimenté par des gens *d'action habiles, et ambitieux au point de saisir le pouvoir.* S'il y a dans leurs criminels desseins des temps d'arrêt, c'est lorsque la France leur sert à poursuivre leur politique, mais toujours ils se disposent à venger sur le chef de l'Etat leurs espérances déjouées. Ils en parlent avec un tel cynisme, que mon mari, déjà malade à l'époque où M. Piétri vint à Turin, m'envoya à la recherche pour lui signaler les dangers que pouvait courir l'Empereur. M. Piétri connaissait un peu mon oncle de Nettancourt, et mon mari ne lui étant pas étranger, il eût écouté avec confiance la communication qui paraissait à M. Jouffroy aussi grave dans l'avenir que dans le présent; malheureusement M. Piétri avait quitté Turin le jour même 16 ou 17 juillet.

La première occasion qui nous fit découvrir que Brofferio avait été membre actif de la conspiration Orsini, c'est lorsqu'il alla chercher à Lugano, dans une villa qui lui appartient, qui lui sert de point de ralliement, et où il a installé sa maîtresse, Mme Ricci, ancienne chanteuse très agréable, notoirement adroite et intrigante, les 3,000 fusils Orsini qui y avaient été déposés et cachés. Cet épisode me fut raconté par Mme Serra, sœur de Brofferio, dans un mouvement de fureur contre Cavour qui avait eu l'habileté d'éloigner Brofferio pour se débarrasser de sa présence à la Chambre, lorsque le Parlement vota des pouvoirs au roi, au moment de la guerre en 59.

Comme nous logions dans la maison de Serra, nous pouvions suivre jour par jour les phases amenées par les incidents politiques parmi cette horde de conspirateurs; aussi lorsque l'Empereur, qui avait annoncé rejoindre en Piémont son armée en marche, retarda de quelques jours son départ, ils crièrent à la trahison et l'assassinat fut remis en question; ce fut bien pis à la paix de Villafranca: *faire sauter un théâtre avec des milliers de personnes* n'était qu'une bagatelle pour se délivrer d'un monarque qui manquait à son programme. *Le poison était analysé dans ses moyens les plus subtils.*

Beaucoup plus tard, nous eûmes l'occasion de connaître le

député Sinéo, homme doucereux, distingué dans ses manières, très au-dessous, comme capacité, de Brofferio, mais
non moins dangereux ; il travaille énormément en dessous,
et a pour aide un secrétaire savoisien, affilié aux sociétés
secrètes de France. Ce secrétaire, nommé Vialet de Chambéry, à la suite d'une conversation que j'avais avec lui cet
été, et sur mon interpellation s'il se faisait naturaliser
sujet Sarde, me répondit : « Pas si bête, je n'aurais plus la
même action dans mon pays pour appuyer le mouvement. »

Sinéo, avocat, est toujours sur la route de Milan ou de
Gênes, à présider des comices révolutionnaires; il a été à
Naples prendre les ordres de Garibaldi; pendant ses perpé-
tuelles absences, son cabinet est occupé par un confrère
remplaçant ; quant à Brofferio, il a des filières en Angleterre.

Tu me demandes qui me parlait des 500 poignards prêts
à se lever sur l'Empereur? Villa, avocat, gendre de Brofferio,
se compte parmi eux, et, ce qu'il y a de curieux, c'est que
le propos identique me fut répété, il n'y a pas longtemps,
par le jeune Carpi, fils du député, qui ajouta : « L'Italie, si
nous sommes joués, ne manque pas d'Orsinis. » Tu sais combien de fois je t'ai dit : Si l'Empereur savait quelle ingratitude
règne ici pour ce qu'il fait, et quelle atroce vengeance pour
ce qu'il ne ferait pas !

Tu comprends, cher père, que depuis la mort de mon
mari, je n'ai plus suivi les faits et gestes de ces sociétés,
bien que mes relations avec elles ne soient pas interrom-
pues, d'abord parce que mes filles rencontrent les leurs, et
que, tous avocats, leurs avis m'ont été nécessaires pour régler nos affaires, former un conseil de famille et ma tutelle ;
car il a fallu me mettre en règle; je me suis tenue en arrière,
parce que d'une part ces gens ne m'inspirent aucun attrait;

que, d'une autre, l'intérêt que mon mari avait à connaître
leurs mouvements n'existait plus. D'ailleurs, ma position
pécuniaire m'a obligée à dépenser mon temps pour mes
besoins personnels et ceux de mes enfants, et je me suis
constamment appliquée à garder ma dignité, en cachant
ma pénible situation si gênée, que sans tes secours dus aux
privations imposées à ton vieil âge, ta pauvre fille eût touché la misère. Mon deuil me retenait tout naturellement
dans une retraite absolue, dont tout naturellement aussi je
peux maintenant m'affranchir si je parviens à en avoir les
moyens.

Tous les dimanches ont lieu chez Serra au milieu de la famille Brofferio et ses limiers, les petites soirées où nous
étions il y a deux ans ; Marthe y faisait fureur parce qu'elle
tenait le piano pour les faire sauter, et depuis on lui a souvent demandé si elle aurait la gentillezza de faire leurs
portraits *dus à l'amitié*. La chère fille ne se doutait guère
lorsqu'elle griffonna à la plume *les charges remises au
docteur*, qu'elles tomberaient aux mains d'une personne
dévouée au Maître. Presque tous les mois il en paraît sur ce
sujet de plus ou moins viles.

Ce pays est sillonné par une multitude de républicains
dans le genre des réfugiés romains, Fano et Ballanti, qui
trempaient, comme je crois te l'avoir écrit, dans le complot
Orsini et qui cachaient leurs menées à Paris sous le man-
teau d'un cabinet d'affaires dont nous avons fini par comprendre le but (8, rue Neuve-Saint-Augustin) [1].

Je vais rédiger au nom de mes enfants la supplique que tu
avais adressée à l'Empereur, grâce à l'explication que t'a
donnée M. Conneau ; celle-ci ne faisant pas fausse route, il

1. Les mots entre parenthèse sont d'une autre écriture.

est permis d'espérer qu'elle ne restera pas sans réponse, et que l'inventeur de la pyroscaphie appellera l'attention réclamée par ses petits-enfants, que la veuve d'un homme de lettres distingué, mécanicien comme son père, sera écoutée. La navigation à vapeur a dormi trente ans, c'est le sort des grandes découvertes, et je ne doute pas que le chemin de fer de mon mari sillonnera un jour nos contrées montueuses.

Si je parvenais à arriver à l'Empereur, son coup d'œil rapide comme celui de son oncle jugerait des avantages décrits dans le rapport de l'Académie des Sciences. Puisque M. Conneau t'a engagé, en renouvelant la pétition, à y joindre une lettre explicative, il faut, cher père, que cette dernière pièce émane de toi ; elle m'appuyera près de l'Empereur dont tu as servi si particulièrement la famille.

Je termine en t'embrassant pour mes enfants, pour moi, en te recommandant de la prudence dans ces jours si froids ; reprends courage ; il ne m'a jamais abandonné ; j'ai connu le confortable dans tous ses agréments, le souvenir du bon sert à supporter les tribulations ; la Providence n'abandonnera pas la veuve avec des filles bien nées, bien élevées et agréables. Que Dieu te conserve à notre tendresse, et puissions-nous nous revoir dans notre France toujours regrettée quand on l'a quittée. La pauvre Eugénie Radiguet est-elle mieux ? Tout à toi, fille et petites-filles.

(Il n'y a pas de signature.)

XLVII

Lettres de madame de Noordbéeck au prince Louis-Napoléon

I

AFFAIRE DU BULLETIN FRANÇAIS

Monseigneur,

L'émotion que j'éprouvais, lundi, lorsque je me trouvais en votre auguste présence, fut si vive que j'oubliai de vous communiquer plusieurs choses importantes ; comme la plus pressée, j'ai l'honneur de vous signaler une négligence très grave qui se commet à la frontière ; ainsi les autorités sont très sévères à Valenciennes et ne laissent entrer personne en France sans examen préalable des passeports, tandis qu'à Tourcoing tout le monde entre librement sans aucune formalité : de cette manière, bien des hommes dangereux pour-

raient rentrer ; c'est surtout à la veille des fêtes qui se pré-
parent en votre honneur, Monseigneur, et au moment où
les passions mauvaises sont excitées par l'envie et la jalousie
que je crois utile de vous signaler cette négligence grave et
inconcevable ; le fait est assez connu en Belgique pour que
j'aie pris cette voie, persuadée de passer incognito.

Lorsque je vins, au mois de février dernier, spontanément,
faire connaître à Votre Altesse Impériale les listes des souscripteurs au *Bulletin français*, je n'eus qu'un seul but, celui
de vous faire connaître ces hommes qui soutenaient de leurs
noms et de leur crédit cette dégoûtante publication, et me
trouvais trop heureuse d'avoir obtenu l'insigne faveur d'être
reçue par Votre Altesse, et j'étais heureuse d'affronter un
danger pour l'amour de vous.

La saisie de trente mille numéros est l'œuvre de mon mari
et a eu pour résultat la suppression du brûlot incendiaire en
Belgique, où la publication en était mille fois plus dange-
reuse par la proximité de la France et la présence de toutes
ces mauvaises têtes ; le ministre de la justice, obligé par
votre ambassadeur de faire poursuivre, a été furieux du zèle
qu'y a mis mon mari et eût voulu voir péricliter l'affaire.
Vous ne savez probablement pas, Monseigneur, que les auteurs de ce fameux *Bulletin* ont intenté un procès en dom-
mages-intérêts à mon mari pour une somme de 30,000 fr.,
et ce qui est bien plus fort, c'est que le président du tribunal
de Bruxelles ait apostillé la requête et permis d'assigner
mon mari qui s'est vu *attrait* en justice pour avoir rempli
ses devoirs ; et le ministre a permis tout cela ! Il n'y a pas
d'exemples d'un fait pareil dans les annales judiciaires.

Comment les auteurs ont-ils su que ces listes avaient été
livrées, je l'ignore ; toujours est-il qu'il a été plaidé en Cour
d'assises que chaque ministère en France possédait une copie

exacte et dans l'ordre de la liste des souscripteurs, et qu'ayant déclaré que les abonnés n'étaient pas servis par la poste, les listes ont dû être livrées ; n'ayant pas pu quitter le cabinet de mon mari, on n'a donc pu accuser que lui ; mais alors je ne supposais pas qu'on pût en tirer une vengeance si cruelle, et j'étais heureuse de souffrir un peu pour l'amour de vous, car tout en professant une profonde admiration pour votre auguste personne avant que d'avoir eu l'honneur d'être admise en votre présence, j'avoue que cette admiration s'est changée en une espèce de culte et d'adoration, et que je ne puis assez dire que si vous pouviez vous faire connaître et approcher de plus près, personne au monde, même vos ennemis, ne pourraient résister au charme et à la douceur que vous répandez autour de votre personne.

Le ministre de la justice s'est chargé de nous infliger une punition sévère pour le zèle que mon mari a mis à défendre vos intérêts de concert avec le procureur général qui, je dois le dire, vous est tout dévoué aussi ; il y a quelques semaines, mon mari, qui touche à sa cinquante-deuxième année, fut pris d'un crachement de sang et les médecins lui ordonnèrent le repos ; sans fortune, avec une famille de six enfants, n'ayant pour toute ressource que son traitement, mon mari crut, à bon droit, me paraît-il, pouvoir chercher quelqu'un pour le remplacer dont la position permît de nous donner une légère compensation du sacrifice que la fatalité nous imposait, afin de pouvoir aller nous établir dans le Nouveau-Monde, n'ayant pas les moyens de pouvoir continuer à soutenir notre position sans les fonctions de mon mari ; nous trouvâmes en effet quelqu'un qui fut heureux de remplacer mon mari et qui nous offrait un dédommagement plus que suffisant pour aller nous établir en Amérique ; nous étions heureux et contents, et le procureur général, homme si excessivement juste et loyal, sachant reconnaître le zèle et l'intégrité avec lesquels mon mari s'était, pendant vingt-deux ans, acquitté de ses fonctions difficiles, voulut se charger lui-même de faire la demande au ministre, et considérait la chose comme accomplie puisque le même cas s'était déjà présenté plusieurs fois, et le candidat offrant toutes les conditions désirables; cependant le ministre refusa sans vouloir donner d'explication; le procureur m'engagea à y aller moi-même; j'y fus il y a quelques jours, et j'essuyai le même refus, et d'un ton si brutal que j'en fus atterrée.

Depuis lors je ne sais plus ce que je fais; ma tête s'égare et l'avenir m'effraye.

Je ne sais si vous savez, Monseigneur, que notre ministre de la justice est tout ce qu'il y a de plus rouge en fait de républicains; vous comprendrez par là la haine qu'il a vouée à mon mari; le jour de l'arrestation de M. d'Haussonville, M. Van Praët, ministre du roi, est allé lui faire une visite de condoléance, visite qu'il a reçue aussi de M. Rogier, ministre de l'intérieur; il est bon que vous sachiez aussi, Monseigneur, que nos ministres Rogier et Van Praët paient leur cotisation phalanstérienne; et parmi les officiers supérieurs d'artillerie, il en est qui attendent et espèrent le prochain avènement de la République rouge. Fort comme vous l'êtes, Monseigneur, cela doit vous être indifférent, mais je ne veux pas que, tôt ou tard, votre religion soit surprise et que ces hommes parviennent à vous faire croire à leur dévouement si le temps et les circonstances amenaient des changements.

Je déplore amèrement que la force des choses m'oblige à supplier à genoux Votre Altesse Impériale de prendre pitié de notre malheureux sort; je hais encore davantage, si c'est possible, le ministre de la justice qui me met dans cette cruelle nécessité, car, s'il eût consenti, jamais je n'aurais rien demandé à votre bonté, et j'aurais été heureuse d'emporter dans le Nouveau-Monde la pensée consolante d'avoir pu vous être utile d'une manière tout à fait désintéressée; vous ne pourrez jamais comprendre, Monseigneur, malgré toute votre bienveillance pour moi, combien je souffre d'avoir à vous adresser une demande d'argent; il faut que nos besoins soient bien impérieux pour que j'aie dû m'y résoudre, et, en effet, ils sont si pressants que j'ai envoyé de suite à mon mari le secours que vous avez bien daigné m'accorder; nous croyant certains de réussir au ministère de la justice, nous avions contracté des obligations auxquelles il nous sera impossible de satisfaire; j'étais désespérée lorsqu'une pensée consolante s'est offerte à ma douleur, et je me suis dit que vous si bon, si noble, si généreux, vous qui aviez daigné mettre tant d'instance à notre première entrevue pour que je vous adresse une demande, je me suis dit que vous n'abandonneriez pas une pauvre mère au désespoir, et que, puisque je suis la cause du sort malheureux qui menace mes enfants, vous daignerez venir à mon secours et me fournir les moyens d'aller vivre modestement sur la terre étrangère pour vous bénir toute ma vie; je n'ai pas le courage de rentrer chez moi, et Dieu sait combien j'y suis impatiemment désirée et attendue.

Vous m'avez permis de vous écrire dans quelques jours, Monseigneur; peut-être ai-je devancé le moment, mais je suis si malheureuse que le temps me paraît bien long; je souffre tant, que si l'espérance ne soutenait pas mon courage, je ne sais comment je ferais pour supporter la vie en ce moment.

Que Dieu vous garde, Monseigneur, et vous inspire une

bonne pensée pour celle qui tous les jours priera le Seigneur pour la conservation de vos précieux jours.

Votre très humble et toute dévouée servante,

E. DE NOORDBÉECK.

Hôtel Louvois, place Louvois.

Jeudi, 6 mai 52.

II

Monseigneur,

J'ai eu l'honneur de vous écrire le jeudi 6 mai, et j'ai remis ma lettre sous le couvert de M. Mocquard ; je doute qu'elle vous soit parvenue.

J'ai eu occasion de causer avec un membre d'un des parquets les plus importants de la France, qui serait à même de fournir à Votre Altesse Impériale des renseignements très utiles sur plusieurs membres de l'ordre judiciaire, et qu'il est nécessaire de porter à votre connaissance.

Pour ce qui me concerne, Monseigneur, j'attends avec une ferme confiance ce que vous voudrez bien décider à notre égard, et vous serais doublement reconnaissante si je pouvais obtenir une réponse avant la fin de la semaine, afin de pouvoir retourner auprès de mes chers enfants et porter le bonheur à mon mari.

La personne en question doit quitter Paris vendredi. Ma vie est entre vos mains, Monseigneur, exaucez ma prière ; le ciel vous bénira.

E. B. DE NOORDBÉECK.

Hôtel Louvois, place Louvois, appartement 14.

Mardi, 11 mai 52.

XLVIII

Lettre de Vidocq à M. Mocquard, pour le jour de l'an.

A Monsieur le Secrétaire de Sa Majesté l'Empereur
des Français.

Monsieur le Secrétaire,

J'ai l'honneur de vous supplier de croire que je n'ai pas
oublié et n'oublierai jamais combien vous avez été bon pour
moi, en me faisant obtenir un secours de Sa Majesté.

Je profite du renouvellement de l'année pour vous en témoigner ma vive et sincère reconnaissance et vous prier de
recevoir avec bonté les vœux que je forme pour que Dieu
vous accorde tout le bonheur que vous méritez.

J'ai bientôt quatre-vingt-quatre ans et ne suis pas *riche*.

Je viens d'adresser une supplique à l'Empereur afin d'obtenir un secours.

J'espère que vous daignerez recevoir avec bonté l'hommage de mon profond respect et de ma gratitude,

Monsieur le Secrétaire,

Votre très humble et très obéissant serviteur,

Vidocq.

19, boulevard du Temple, chez M. Lefèvre, tapissier.

XLIX

Lettre à M. Mocquard.

Elle est du personnage auteur de la note sur Mgr Sibour
(p. 72). Il faisait de la police pour le compte de l'Empereur, et
si ardemment, que M. Pietri, l'ayant rencontré un jour dans la
rue de Bellechasse, lui fit une violente scène de jalousie, en le
menaçant même de le faire arrêter. Sur quoi son noble rival
adressa un nouveau rapport à l'Empereur, accompagné de la
lettre suivante à M. Mocquard :

Vous jugerez, par ce qui m'est arrivé avec le préfet de
police, combien il est délicat de fournir à l'Empereur les
preuves qu'il désire, et ce qu'il faudrait de dévouement aux
fonctionnaires pour qu'ils se missent en avant comme je l'ai
fait... pour dévoiler tout ce qui se passe de contraire au service de l'Empereur.

Ah ! j'étais bien irrité contre Pietri, et bien résolu à lui trouer la poitrine ou à lui casser la tête ! Ma proposition n'a pas été de son goût. Aujourd'hui je ne lui en veux plus.

..... Ne devais-je pas espérer, après avoir joué ma tête à Lyon au 2 décembre, que je serais nommé sénateur avant mes successeurs ?

Paris, 28 janvier 1856.

L

Lettre de M. Cottrau au docteur Conneau.

Mardi midi.

Cher Conneau,

La médaille que le Prince attend ne peut pas être frappée sans une autorisation du ministre de l'intérieur. Je te prie donc de rappeler cela au Prince. Ces autorisations sont ordinairement signées, pour le ministre, par le directeur des beaux-arts, mais je n'ai pas voulu mettre un ennemi dans le secret. Je pense même que la spécification de la médaille ne devrait pas être trop complète, pour éviter la publicité. Il suffit de dire : *Une médaille du président de la République portant sur son revers les mots : Courage et Discipline.* Si je recevais cette autorisation de suite, je pourrais porter demain matin au Prince les médailles qu'il attend. Je crois avoir oublié de lui dire hier qu'une pièce de cinq francs à son effigie est gravée et prête à frapper, à tout événement : il n'y a que Basse et moi qui soyons dans le secret.

Séchan, inspecteur des beaux-arts, a donné sa démission. Si tu crois que Pasqualieri soit assez au courant du person-

nel et du matériel des arts en France pour occuper sa place,
demande-la. Si une place plus tranquille, une conservation, par exemple, lui convenait davantage, je proposerais
M. Comayras, peintre distingué, architecte, *bon à tout*,
comme on dit, très aimé de tous les artistes et très napoléonien. Son père, architecte de grand mérite, a été chargé
par l'empereur de construire tous les édifices publics de
Napoléon-Vendée. Il vit maintenant à La Rochelle, où ses
opinions sont fort connues; sa fortune lui donne de l'influence dans le pays.

Cavé est-il nommé? Il pourrait être bien utile au Prince
dans ce moment-ci.

Tout à toi de cœur,

F. Cottrau.

LI

Lettre du prince Poniatowski à l'Empereur.

Sire,

Ma position étant des plus dangereuses, je me suis permis de faire demander par M. Fould une réponse à Votre Majesté.

J'ai appris de lui qu'Elle ne croit pas devoir m'accorder la direction de l'Opéra, et j'y renonce sans réplique du moment que tel est le bon vouloir de Votre Majesté. L'accueil bienveillant et paternel que Votre Majesté a daigné me faire, l'intérêt qu'Elle a semblé prendre à mes malheurs, et le désir qu'Elle a montré d'empêcher une catastrophe, me donnent le courage de demander autre chose.

Une recette générale ou une place dans la nouvelle organisation de l'Algérie, me sembleraient de nature à mettre le bon vouloir de Votre Majesté à l'épreuve ; et l'Empereur est trop puissant pour ne pas trouver le moyen de soutenir du

10

bout du doigt un homme qu'il a honoré de sa bienveillance, s'il le veut bien.

Je ne peux pas admettre que Votre Majesté ait le parti pris de tout me refuser ; si cela était, Sire, il serait généreux à vous de ne pas me permettre de devenir importun.

L'avenir de mes enfants et la gloire du nom que je porte me font un devoir de ne pas me décourager devant un premier refus de Votre Majesté, et d'accepter à l'avance toute compensation que son cœur magnanime voudrait m'offrir.

Je suis, avec le plus profond respect et le dévouement le plus entier,

de Votre Majesté,

le très humble et très obéissant serviteur et fidèle sujet,

J. Poniatowski.

LII

Lettre du prince de Crouy-Chanel à l'Empereur.

Sire, au milieu de mes cruelles souffrances morales et phy-
siques, c'est pour moi une consolation de pouvoir mettre
sous les yeux de Votre Majesté le rapport longuement motivé de M. Langlais, conseiller d'Etat, qui établit la justice
de mon droit au titre que je porte ; c'est aussi pour moi une
profonde douleur d'être obligé de dire à Votre Majesté que
la majorité du conseil du sceau des titres, tout en reconnaissant par ses conclusions ma souveraine origine, me
dénie, néanmoins, par son avis, le titre qui en découle et
que Votre Majesté a bien voulu me donner dans son décret
impérial du 12 juin 1869, qui m'autorise à porter la croix
de commandeur de Grégoire-le-Grand.

Dans cette situation, Sire, j'implore avec instance de votre
souveraine et impartiale équité, de suspendre l'adoption
de cet avis et d'entendre préalablement à toute décision,
soit M. le marquis de La Grange, sénateur et vice-pré-

sident du conseil du sceau, soit M. Langlais, conseiller d'Etat, rapporteur, parce que j'ai l'intime confiance qu'il restera démontré à Votre Majesté, après avoir entendu ces hauts et savants fonctionnaires sur cette question de législation nobiliaire dont ils ont fait une étude spéciale, que son vieux serviteur, qui fut toujours digne de ses bienfaits par son profond et reconnaissant dévouement, n'est ni un imposteur, ni un aventurier, mais bien le descendant malheureux d'une antique dynastie qui s'éteint dans les angoisses de la misère, si Votre Majesté ne daigne le couvrir de sa justice et le relever par un secours réparateur de sa bienfaisante volonté.

Cette double grâce, il l'implore de nouveau avec instance de votre auguste souveraineté, et il est, avec le plus profond respect,

Sire,

de Votre Majesté,

le très humble et fidèle sujet,

Prince DE CROUY-CHANEL.

43, rue des Martyrs

Paris, le 16 juin 1861.

LIII

Lettre de M. Achille du Clésieux au Prince-Président.

En tête, de la main de Louis-Napoléon :

> *200,000 fr.*
> *Emprunter au budget.*
> (Mot illisible). *Dans 8 jours*
> *Pas possible avant.*

Prince,

La bonne nouvelle est sue en Bretagne et y répand la joie et l'espérance.

Tout se prépare pour recommencer les travaux au premier mars. Mais, avant d'aller plus loin, permettez-moi, Prince, de vous prier de vouloir bien donner des ordres pour qu'une partie de la somme soit ordonnancée au plus tôt ; et soyez assez bon encore pour vouloir bien m'en faire donner avis. Vous avez récompensé d'un mot neuf années d'efforts et de sacrifices. Soyez béni ! Vous ne pensez qu'au

mérite d'une bonne action, et vous faites de la haute politique. En couronnant Saint-Ilan, et en assurant son avenir,
vous êtes le véritable fondateur de cette œuvre, et vous
gagnez par elle le cœur de tous les Bretons.

Le mien, Prince, ne peut vous exprimer tout ce qu'il
éprouve ; il n'y a que son dévouement qui puisse égaler sa
reconnaissance.

Je suis, avec respect,

Prince,

votre très humble et très obéissant serviteur,

ACHILLE DU CLÉSIEUX.

Hôtel des Ministres, rue de l'Université, 32.

Paris, 10 février 1852.

LIV

Lettre de M. Victor Cousin à l'Empereur.

Sorbonne, 15 avril.

Sire,

. Arrivé l'autre nuit de Cannes, je trouve à la Sorbonne le magnifique présent [1] de Votre Majesté, avec les lignes pour moi si flatteuses qu'elle a daigné y joindre de sa main. Tant de bonté me pénètre d'une profonde reconnaissance. Les lignes surtout qui portent votre nom, Sire, ces lignes aimables adressées à un vieillard inutile, parvenu au terme de sa carrière, me touchent plus que je ne saurais le dire. Je les considère comme la couronne de ma vie, et je mettrai le peu de jours qui me restent à les mériter, au moins par mes sentiments.

De Votre Majesté,
le très humble et dévoué serviteur et sujet,

V. Cousin.

1. La *Vie de César*.

LV

Lettre de M. Cerfber à l'Empereur.

Sire,

Que Votre Majesté me permette, au moment où elle va disposer des vacances qui se sont produites au Sénat, de lui dire que venant d'entrer dans ma soixante-seizième année, il n'est pas probable que je puisse jouir longtemps de la haute faveur que je sollicite de sa bienveillance.

Je suis, avec respect,

Sire,

de Votre Majesté,

le fidèle serviteur et sujet,

M. CERFBER.

5, rue du Helder.

Paris, 14 novembre 1867.

LVI

Le général d'Aurelle de Paladines à l'Empereur.

CABINET DE L'EMPEREUR.
—
Arrivée le 13 décembre 1867.

A Sa Majesté l'Empereur.

Sire,

Je touche à ma limite d'âge ; j'entrerai dans le cadre de réserve de l'état-major général le 15 janvier prochain.

J'ai quarante-sept ans trois mois de services, quatorze campagnes de guerre, toutes comptées doubles, une blessure et neuf citations. J'ai fait la campagne d'Orient du commencement à la fin. Mon nom a figuré avec honneur dans les rapports des généraux en chef de l'armée de Crimée.

J'ai servi Votre Majesté avec un cœur qui a poussé jusqu'à la passion son amour pour la cause impériale, et cela b'en avant les jours de prospérité que la Providence réservait à Votre Majesté.

Pour la première fois, Sire, à la fin de ma carrière militaire, j'ose me prévaloir de ces sentiments que vous avez pu ignorer.

Colonel des zouaves et commandant la subdivision d'Aumale en décembre 1851, j'ai pris l'initiative d'acclamer l'empire, alors que partout en Algérie on criait : Vive la République et le général Cavaignac.

Une dépêche télégraphique du général Pélissier, gouverneur général par intérim, annonçait en ces termes le coup d'Etat du 2 décembre aux généraux commandant les divisions et les subdivisions : « Un coup d'Etat a eu lieu à Paris « dans la nuit du 2 décembre. La France n'attend son salut « que de la Providence. Maintenez l'ordre avec rigueur. »

Je répondis sur-le-champ par le télégraphe : « L'ordre sera maintenu, j'en réponds sur ma tête. La France attend son salut de l'empire. Vive l'Empereur! »

Le gouverneur général fut sans doute satisfait de ma réponse, car le 27 décembre je recevais de lui une dépêche télégraphique ainsi conçue : « J'ai des raisons de croire que « depuis le 22 à cinq heures du soir, et *sur ma proposition*, « vous êtes nommé général de brigade. » (Pièce n° 1.)

A la date du 3 décembre 1851, avant que la nouvelle du coup d'Etat fût connue en Algérie (le télégraphe par mer ne fonctionnait pas encore), j'écrivais au général de Saint-Arnaud, ministre de la guerre, pour lui demander avec instance d'appeler à Paris mon régiment de zouaves, qui, dans la lutte imminente que chacun prévoyait, pouvait peser d'un grand poids dans la balance pour assurer le succès de la cause impériale. Sa réponse, datée du 15 décembre (pièce n° 2), écrite à la hâte, indique bien clairement ce que devait contenir ma lettre.

Le ministre appréciait mon dévouement, m'annonçait ma nomination prochaine de général de brigade; en effet, ainsi que me l'avait écrit le gouverneur général, elle était signée du 22 décembre, vingt jours après le coup d'Etat.

J'ai, dans le cours de ma longue carrière, exercé des commandements importants en campagne, et j'ai eu l'honneur de commander devant l'ennemi, à Sébastopol, du 22 au 26 juin 1855, deux divisions composées de toutes armes (division Mayran et la mienne), ainsi qu'il résulte de l'extrait du registre d'ordres journaliers du 2° corps d'armée en date du 22 juin 1855 (pièce n° 3). Cette pièce n'est pas signée, mais elle émane des archives du dépôt de la guerre, où se trouve le titre original.

La décision récente que vient de prendre le Conseil d'Etat, à l'occasion de la réclamation d'un de mes collègues, me fait penser que ce commandement, bien que je l'aie exercé au moment où la guerre avait le plus d'activité, ne me constitue pas un droit pour être maintenu au cadre d'activité, mais qu'il pourrait être pour moi un titre à la bonté et à la bienveillance de l'Empereur.

A l'intérieur de l'empire, j'ai occupé des positions considérables, et particulièrement le commandement de la 9e division militaire à Marseille, où je suis resté huit ans, du 5 mai 1859 au 12 mai 1867.

En décembre 1866, je recevais de S. Exc. le maréchal Randon, ministre de la guerre, une lettre par laquelle il m'informait que l'Empereur avait jeté les yeux sur moi pour commander une division prête à être embarquée pour les Etats du Saint-Siège, si des événements rendaient nécessaire la présence de cette division à Rome.

Les événements prévus sont arrivés; mais au mois de mai 1867, alors qu'on réorganisait notre armée, dans l'éventualité d'une guerre prochaine sur le Rhin, j'étais appelé au commandement de la division de Metz, et perdais ainsi les chances et les avantages que j'aurais pu retirer du commandement de la division envoyée plus tard dans les Etats pontificaux. Je mets la lettre du ministre sous les yeux de Votre Majesté (pièce n° 1).

Elle sait mieux que personne qu'il n'a pas dépendu de moi d'avoir un commandement à l'armée d'Italie en 1859. Votre Majesté avait daigné me faire la promesse de m'appeler sur le théâtre de la guerre; la marche rapide des événements ne l'a pas permis.

Enfin, Sire, dans toutes les positions où je me suis trouvé, je me suis attaché à faire aimer le gouvernement de l'Empereur.

Madame d'Aurelle de Paladines, à Marseille comme à Metz, a toujours employé l'ascendant qu'elle exerçait dans la société de ces deux villes, pour seconder mes efforts.

Elle appartient par sa mère à la famille de Lesseps, particulièrement connue par Sa Majesté l'Impératrice. Elle est cousine germaine de monsieur Ferdinand de Lesseps, qui vient de s'illustrer par le percement de l'isthme de Suez. Elle est la nièce propre de M. Edmond de Lesseps, mort récemment à Lima de la fièvre jaune, dans l'exercice de ses fonctions de ministre plénipotentiaire de France au Pérou.

Sire, je suis Grand-Croix de l'ordre impérial de la Légion d'Honneur; j'aurai au 14 janvier prochain quinze ans moins deux mois de grade de général de division, je suis le troisième par ancienneté sur la liste des généraux en activité. Les deux premiers sont sénateurs. Parmi ceux qui marchent après moi sur l'annuaire, plusieurs le sont aussi. Je puis dire avec sincérité que mon dévouement pour vous égale celui de vos plus fidèles serviteurs.

J'ose donc me recommander à la bienveillance de Votre Majesté. Mon sort est entre ses mains. Encore plein de vigueur et de santé, je suis et serai toujours prêt à reprendre pour votre service mon épée honorée de tous ceux qui m'ont connu, et à donner, s'il le fallait, jusqu'à la dernière goutte de mon sang pour la dynastie impériale.

J'ai deux fils, engagés volontaires dès l'âge de dix-sept ans. L'aîné est sous-lieutenant au 2ᵉ régiment de tirailleurs algériens à Mostaganem, et le second sergent-major au 38ᵉ de ligne à Alger. Comme leur père, ils aiment l'Empereur, et le serviront avec la même fidélité.

Je suis, avec le plus profond respect,

Sire,

De Votre Majesté,

Le très humble, très obéissant serviteur, et très-fidèle sujet,

Le général D'AURELLE.

Metz, le 10 décembre 1869.

LVII

M. Stéphen Liégeard à l'Empereur.

Paris, 15 novembre 1859.

Sire,

Depuis dix années, Votre Majesté a accompli bien des merveilles ; et pourtant, alors que toutes les aptitudes et tous les talents s'entre-donnent la main pour vous faire cortége, la poésie seule est restée en arrière. Elle a petitement célébré de grandes choses. En ce siècle d'Achille, les Homères semblent sommeiller. Il y aurait de quoi s'étonner, s'il n'était prouvé par les enseignements de l'histoire que, de tout temps, les poètes ont mieux réussi dans le domaine de la fiction qu'en celui de la réalité.

Je n'ai pas la prétention, Sire, d'avoir atteint plus haut que mes devanciers, les chantres de l'Empire ; du moins, ai-je tenté d'autres voies. Un volume vient d'être imprimé, ayant pour titre : *Les Abeilles d'or*. Ce sont toutes strophes inspirées par les grands événements de votre règne, depuis les accents de fête du voyage dans le Midi, jusqu'aux retentissements victorieux du canon de Solferino.

A la veille de regagner un lointain arrondissement où me rappelle l'expiration de mon congé, ce me serait la plus glorieuse comme la plus douce des récompenses que de pouvoir remettre aux mains de Votre Majesté le premier exemplaire de cet essai. Je n'ose me flatter d'un tel espoir; et pourtant, Sire, confiant dans votre indulgence extrême par une extrême audace qu'excuseront peut-être à vos yeux la jeunesse de l'auteur et le culte qu'il a voué à Votre Majesté, je dépose sur les marches du trône ma tremblante requête; puisse-t-elle arriver jusqu'à vous!

Daignez agréer l'expression du profond dévouement et de l'admiration sans bornes, avec lesquels je suis,

    Sire,

        De Votre Majesté,

Le très humble, très respectueux, très obéissant serviteur et fidèle sujet,

                STÉPHEN LIÉGEARD,
                    Sous-préfet de Briey.

Rue de Richelieu, hôtel d'Espagne.

LVIII

*Extrait d'un rapport du premier président Troplong
à l'Empereur, sur le Sacre.*

L'avénement d'un monarque a toujours pris en France les couleurs d'*un véritable mariage.* En effet, d'après des principes constants (que le régime actuel a reproduits), le Prince, en montant sur le trône, apportait à la France tout ce qu'il possédait de biens propres afin d'attester par là l'existence d'une communauté de biens analogue à celle qui accompagne dans le mariage civil l'union du mari et de la femme.

Et comme d'après les croyances universelles le mariage civil doit être consacré par les solennités de la religion, de même le mariage politique du monarque et de la nation était sanctionné et sanctifié par le sacre qui réunissait toutes les pompes de l'église et de la monarchie, et mettait chaque règne sous la protection de Dieu.....

Mais qui doit pontifier au sacre ?

Le pape ?

Certes, la présence du pape serait chose désirable pour l'autorité de la cérémonie ; mais elle serait périlleuse peut-être par le prix ultramontain qu'on y mettrait.

Un cardinal délégué du pape n'offrirait pas ce danger, et c'est à quoi il faudrait de préférence s'arrêter.....

LIX

*Lettre de M. Raphaël Osson à l'Empereur, pour lui offrir
le jeune Osson, son fils.*

Paris, le 9 août 1869.

Sire,

Le soussigné, Raphaël Osson, originaire d'Alger, actuellement à Paris, a l'honneur de s'adresser à Votre Majesté pour lui exposer qu'il est père de deux enfants, dont l'un âgé de neuf mois, du sexe masculin, né au Caire, est la plus charmante et la plus extraordinaire petite créature, ainsi que Votre Majesté pourra en juger par la photographie que je prends la liberté de lui remettre ci-joint; que, vu les qualités exceptionnelles et vraiment prodigieuses qui distinguent cet enfant, le soussigné, se jugeant indigne de conserver un pareil trésor, a cru ne pouvoir mieux faire que de l'offrir à Votre Majesté, et a fait dans ce seul but le voyage d'Égypte à Paris.

Dans l'espoir qu'elle daignera agréer cet hommage du plus sincère dévouement d'une famille profondément attachée à Votre Majesté,

Le soussigné vous prie, Sire, d'agréer l'assurance du respect avec lequel il a l'honneur d'être, de Votre Majesté, le très-humble et très-obéissant serviteur et sujet,

RAPHAEL OSSON,

Rue des Terres-Fortes, 1.

LX

*Lettres de M. Edmond Lespès au général Frossard
et au Prince impérial.*

Monsieur le Général,

J'ai l'honneur de vous remettre sous ce pli la lettre que j'adresse à Son Altesse Impériale.

Je vous serai très-reconnaissant de vouloir bien la placer sous ses yeux, et je vous prie d'agréer, avec mes remercî-ments, Monsieur le Général, l'hommage de mes sentiments respectueux,

EDMOND LESPÈS,
Boulevard Montmartre, 21.

Paris, le 17 mai 1870.

Monseigneur,

J'ai l'honneur de solliciter de la bienveillance de Votre Altesse Impériale le privilége d'être chargé des soins de sa coiffure.

Je sais qu'à l'âge de Votre Altesse Impériale la nature elle-même se charge de donner des grâces aux boucles frisant naturellement de l'adolescent.

Votre jeune tête n'a pas besoin comme Titus d'une coiffure austère, ni comme Louis XIV d'une perruque coquette ; mais les choses les mieux disciplinées demandent un guide, et je serais très-honoré s'il m'était permis de passer la blonde écaille dans vos tresses blondes.

Je n'oublierais jamais que je touche à un front appelé à la couronne.

Mais j'ai aussi la vanité de croire que la main d'un enfant du peuple ayant acquis une certaine notoriété dans sa profession, ne lui fera pas injure et ne le fera pas déroger à son auguste prédestination.

J'ose donc espérer que Votre Altesse Impériale fera en ma personne son premier acte de bon plaisir.

Je ne suis pas un traître comme Léonard, ni un conseiller perfide comme Olivier le Daim, je ne suis pas un homme politique, mais bien un simple artiste capillaire.

C'est en raison de cette humilité même que j'ose espérer de Votre Altesse Impériale la faveur d'une réponse favorable.

J'ai l'honneur d'être, Monseigneur, de Votre Altesse Impériale, le très-humble et bien obéissant serviteur,

Edmond Lespès,
Boulevard Montmartre, 21.

LXI

Note de la main du général Frossard, au moment de la guerre de 1866.

La situation géographique de la Prusse est mal délimitée; il faut à cette puissance plus d'homogénéité et de force dans le Nord. Les traités de 1848 sont impuissants pour satisfaire ses tendances nationales; mais la modification qui sera faite de la carte de l'Europe, au profit de la Prusse, troublerait l'équilibre européen, si la France elle-même n'obtenait un agrandissement de territoire. Il faut donc songer à l'extension de nos frontières, et les provinces limitrophes devront se préparer à demander leur annexion à la France. — Quant à l'Autriche, il suffit qu'elle maintienne sa position en Allemagne. Elle agit contre la logique et la justice en ne reconnaissant pas le principe de la nationalité italienne, et en s'opposant à ce que l'Italie complète son indépendance. Elle doit donc céder la Vénétie aux Italiens, c'est une nécessité.

Dans la lutte qui éclate, la France a deux intérêts : conserver l'équilibre européen, c'est-à-dire s'agrandir si un voisin allemand s'agrandit, et soutenir l'Italie si elle n'est pas assez forte pour résister seule à l'Autriche.

Pour sauvegarder ces deux intérêts, il se peut que la force morale de la France ne suffise pas et qu'elle soit obligée de tirer l'épée. Nous verrons. En tous cas, nous avons l'assurance que l'accroissement de puissance de la Prusse ne sera pas réglé sans notre assentiment.

Restons donc attentifs, calmes dans notre force, et ne négligeons pas de nous mettre en mesure contre toute éventualité.

LXII

Extrait d'un rapport de M. de Clermont-Tonnerre sur l'état de l'opinion publique en Prusse et sur la politique du roi Guillaume et de M. de Bismark.

Berlin, le 20 juin 1866.

La lettre de l'Empereur, indiquant le désir de voir en Allemagne l'Autriche conserver un rôle influent et les Etats secondaires une existence indépendante, a causé, à Berlin, une profonde émotion.

Je ne crains pas de dire qu'à Berlin même tout ce qui ne touche pas au gouvernement a vu avec plaisir la lettre du 11 juin, tant est grande l'hostilité contre la politique du ministère.

Il importait au gouvernement Prussien de ne pas laisser s'affermir les impressions salutaires dues à la lettre de l'Empereur. Aussi, le roi a-t-il fait paraître, hier soir, un manifeste dont les termes assez vifs laissent entrevoir le but véritable.

Pourquoi déclarer la patrie en danger en réveillant l'esprit de 1813 ? Pourquoi faire entendre que l'union du prince et du peuple suffiront à préserver la Prusse de toute coercition comme de tout morcellement ? Indubitablement pour rassurer l'opinion contre tout danger d'arrangement éventuel avec la France..... L'interprétation anti-française est au fond de la pensée ; elle est la seule vraie, et elle est aujourd'hui dans toutes les bouches.....

La politique suivie depuis l'entrée aux affaires de M. de Bismark est marquée, en dépit d'apparences souvent contraires, au sceau d'une invariable persévérance.

De concert avec son aventureux ministre, le roi ne poursuit qu'un but, qui est de faire naître, par un moyen quelconque, une possibilité de réaction en Prusse... par la destruction du régime parlementaire dans les Etats voisins... Au dedans, au dehors on promettra tout ; mais l'objectif restera toujours le même : une réaction extérieure. Vienne le jour de la victoire, et les promesses faites au pays..... tout sera oublié, comme furent oubliées après la chute de l'empire celles avec lesquelles on avait leurré le peuple prussien de 1813.

Le rétablissement d'un régime militaire aristocratique, voilà le but vrai, le seul but de la guerre actuelle.....

Quant à cette guerre, personne n'a d'illusions sur les haines profondes qui en seront le fruit.

Le gouvernement, tout le premier, prévoit que, au lendemain d'une paix heureuse pour la Prusse, les complications extérieures ne tarderont pas à naître ; mais il compte sur ces complications mêmes pour servir, à cette époque, de dérivatif aux haines intestines de l'Allemagne.

Tourner contre la France l'exaltation qui survivra à la guerre sera une tâche facile pour les vainqueurs, ou au moins telle est leur conviction. Je ne crois pouvoir mieux faire, pour mettre ce point en lumière, que de citer, au lieu d'impressions personnelles, un mot dont je garantis l'authenticité.

Le roi disait, il y a quelques semaines, à un diplomate allemand, chef de mission et militaire : « *Si nous avons maintenant la guerre entre nous, nous nous réconcilierons plus tard en faisant une autre guerre en commun.* »

Nous sommes aujourd'hui à la première partie de la réalisation de ce plan.

On se demande beaucoup à Berlin, en voyant la Russie mettre les troupes en mouvement à proximité de ses frontières, de quel côté penchent les sympathies de cette puissance... Je ne doute pas, quant à moi, que la Russie ne se soit toujours maintenue en entente secrète avec la Prusse : « La Prusse seule a été correcte, disent les Russes, dans la question de Pologne. »

Dans une lettre en date du 7 mai 1866, M. de Clermont-Tonnerre avise le gouvernement français d'une lettre écrite par le roi de Prusse à l'empereur de Russie, pour démentir tout traité avec l'Italie. M. de Clermont-Tonnerre donne comme certain le propos suivant qui aurait été tenu par le roi Guillaume à l'envoyé du czar, le colonel de Seweinitz :

« Je ne sais pourquoi l'on m'importune avec ces prétendus arrangements italiens ; j'écris à l'empereur que je n'ai pas de traité avec l'Italie [1]. »

---

1. On sait que le traité prusso-italien avait été signé le 8 avril 1866.

LXIII

Lettres de l'Empereur, du roi Victor-Emmanuel et du roi Guillaume. (Guerre de 1866.)

A S. M. l'Empereur Napoléon III.

Florence, 20 juin 1865.

Monsieur mon frère, je préviens Votre Majesté que, fidèle à la convention faite avec la Prusse, je viens ce matin d'envoyer déclaration de guerre à l'Autriche.

Mon armée qui se trouve en présence de l'ennemi est en ce moment forte de plus de 250 mille hommes actifs. J'ai une réserve de 50 mille hommes, et bientôt je puis en avoir une autre égale.

Je pars demain matin pour prendre le commandement de l'armée; j'ai le cœur gai et beaucoup de foi dans l'avenir.

Je remercie Votre Majesté de tout ce qu'Elle a fait pour nous, et vous prie de ne pas nous oublier et moi en particulier qui suis de Votre Majesté le bon frère,

VICTOR EMMANUEL.

L'Empereur au Roi Victor Emmanuel.

Je remercie Votre Majesté de sa lettre. Mon rôle de neutre ne m'empêche pas de faire des vœux pour le bonheur de Votre Majesté et l'indépendance de l'Italie.

NAPOLÉON.

A S. M. l'Empereur des Français, à Paris.

Quartier général de Horritz, 5 juillet 1866.

Sire,

Guidé par la confiance que m'inspirent notre affection mutuelle et la solidarité d'intérêts importants de nos deux pays, j'accepte la proposition que Votre Majesté m'a faite et je suis prêt à m'entendre avec Elle sur les moyens de rétablir la paix.

Hier déjà le général Goblentz m'a demandé un armistice en vue de négociations directes.

Par un télégramme chiffré à l'adresse de mon ambassadeur, j'indiquerai à Votre Majesté les conditions dans lesquelles la situation militaire et mes engagements envers le roi d'Italie me permettront de conclure un armistice.

De Votre Majesté,
Le bon frère,

WILHEM.

D'après le traité que j'ai conclu avec le roi d'Italie, *le 8 avril*, la guerre une fois éclatée, la paix ou un armistice ne peuvent être conclus que d'un commun accord.

A cette condition, je serais prêt à conclure un armistice,

pourvu que l'approvisionnement de mon armée et les résultats militaires obtenus jusqu'ici soient assurés. C'est ce que
j'ai déclaré hier au général Goblentz, qui voulait en référer
à Vienne.

A S. M. Victor Emmanuel, Roi d'Italie.

Le roi de Prusse accepte le principe de ma médiation et
l'armistice, pourvu que Votre Majesté y consente.

Si j'ai votre consentement, je tâcherai de faire remettre
les forteresses comme gage de l'armistice. Si Votre Majesté
refuse, je serai obligé de prendre un parti.

NAPOLÉON.

A S. M. le Roi d'Italie, à Cigognolo.

Paris, 8 juillet 1866.

Puisque Votre Majesté accepte l'armistice, qu'Elle donne
l'ordre à ses troupes de s'arrêter.

Le prince Napoléon et un aide-de-camp partent ce soir.

Mantoue et probablement Vérone vous seront remises
immédiatement.

Je crois avoir trouvé un moyen de satisfaire l'honneur de
chacun.

NAPOLÉON.

LXIV

Correspondance télégraphique entre l'Empereur et le Roi d'Italie.

QUESTION ROMAINE

Biarritz, 13 octobre 1867.

A S. M. le Roi d'Italie,
à Florence.

Je vois avec peine que les volontaires entrent en grand nombre sur le territoire pontifical et qu'ainsi la convention du 15 septembre se trouve éludée. Si cela dure, je serai forcé, bien malgré moi, d'envoyer un corps d'armée à Rome.

Je prie Votre Majesté de faire tous ses efforts pour rendre inutile une intervention.

Je lui renouvelle mes sentiments d'amitié.

NAPOLÉON.

Florence, 13 octobre 1867, 10 heures soir.

A S. M. l'Empereur des Français,
à Biarritz.

Après tous les efforts que vient de faire mon gouvernement pour exécuter loyalement la convention du 15 septembre, même en blessant le sentiment national, j'apprends avec peine que Votre Majesté puisse supposer le contraire.

Votre Majesté qui connaît l'étendue de la frontière et les difficultés qu'elle présente pour être gardée, comprendra facilement que c'est absolument impossible, même à une armée plus nombreuse, d'empêcher l'entrée sur le territoire romain à un certain nombre de volontaires isolés et sans armes qui, après, se réunissent en bandes, sans chefs et mal organisés, sur le territoire pontifical. Je dois vous avouer que l'esprit des populations italiennes est excité et que seulement l'idée d'une intervention française pourrait amener des conséquences de la plus haute gravité que je désire empêcher à tout prix.

J'assure Votre Majesté que nous continuerons à faire tout le possible pour paralyser l'invasion des volontaires ; mais si les choses arrivaient au point que Votre Majesté prévoit, le seul moyen pour tout arranger serait d'envoyer mes troupes à Rome. Quant à la question politique, on pourrait s'entendre après.

Je renouvelle à Votre Majesté les sentiments de la plus sincère et loyale amitié.

VICTOR EMMANUEL.

A S. M. l'Empereur des Français.

Florence, 19 octobre 1867.

Je fais appel à votre ancienne amitié pour moi et pour l'Italie, en vous priant d'écouter ce qui suit : Je sais que Votre Majesté se trouve dans les circonstances présentes dans une situation difficile en France ; mais, de mon côté, je me trouve dans une situation bien plus tendue ici où l'opinion nationale est excitée au dernier point. Je serais bien peiné aujourd'hui si les liens d'amitié qui nous ont toujours unis devaient se rompre.

Votre Majesté désire qu'on rétablisse l'ordre dans le territoire romain, où la révolution fut causée par des aspirations nationales. Mon gouvernement et moi, pour tenir foi au traité de septembre, l'avons combattue de toutes nos forces en-deçà des confins de ce territoire. Maintenant que d'accord même avec les populations elle menace la sûreté du Saint-Siége, je ne puis rien faire pour l'empêcher, ne pouvant pas passer la frontière.

Si Votre Majesté croit devoir envoyer des troupes à Civita-Vecchia ou à Rome, dans ce cas je devrais en même temps franchir la frontière et on mettrait bientôt fin d'un commun accord à cet état anormal des choses. Je ferais en même temps une proclamation dans laquelle je déclarerais n'avoir aucune idée hostile contre l'appui français, et je déclarerais aussi formellement que c'est pour rétablir l'ordre violé malgré nous que nous marchons. Votre Majesté, dans sa haute sagesse, trouvera ensuite le moyen d'arranger les choses de manière que les intérêts des deux nations soient sauvegardés.

Bien mes amitiés.

VICTOR EMMANUEL.

Saint-Cloud, 20 octobre 1867, après-midi.

A S. M. le Roi d'Italie, à Florence.

Mon gouvernement a fait connaître, hier, à celui de Votre Majesté les mesures qui paraissaient nécessaires pour arrêter l'insurrection qui a envahi les États pontificaux et pour rendre à la convention toute son efficacité.

Je suis tout disposé à écouter mes sentiments d'amitié pour vous et pour l'Italie, mais je ne puis leur sacrifier des intérêts et des devoirs impérieux. Une occupation mixte ne ferait que compliquer la question pour les deux gouvernements.

Je suis convaincu qu'en vous séparant par une résolution énergique de l'élément révolutionnaire, vous fortifierez votre pouvoir et resserrez les bonnes relations entre la France et l'Italie.

Aussi, j'espère que vous saurez prendre toutes les mesures nécessaires pour rendre inutile une expédition française à Rome.

Aussitôt l'insurrection terminée, je suis prêt à rechercher avec vous les moyens propres à régler la question romaine.

NAPOLÉON.

Florence, 21 octobre 1867.

A S. M. l'Empereur des Français, Saint-Cloud.

Je vous prie de me dire si dans cette proclamation je puis faire allusion à la dernière phrase de votre dépêche où Votre

12

Majesté me dit : « Je suis prêt à régler la question romaine aussitôt que l'insurrection sera réprimée. »

Aujourd'hui on travaille à former un nouveau cabinet. Je ne puis dissimuler à Votre Majesté les sérieux embarras que ces nouvelles déterminations vont nous donner à l'intérieur. Pour être prêt à tout événement, j'ai appelé deux classes sous les armes, l'armée ayant été réduite dans des proportions considérables.

VICTOR EMMANUEL.

Saint-Cloud, 23 octobre 1867.

A S. M. le Roi d'Italie, à Florence.

Je suis heureux de l'énergie que vous montrez. Elle vous portera bonheur. Ne faites pas allusion au règlement définitif de la question ; ce serait en compromettre le succès et blesser les puissances dont le concours définitif nous est nécessaire.

NAPOLÉON.

Florence, 23 octobre 1867.

A S. M. l'Empereur des Français, Saint-Cloud.

Je vous remercie de la bienveillance que vous me témoignez dans votre dépêche. Le ministère actuel a donné sa démission. Cialdini a accepté de se charger de la formation du nouveau ministère. Cialdini et moi nous n'avons aucune difficulté à faire la proclamation indiquée par Votre Majesté et à empêcher les enrôlements et les comités de secours. En acceptant les trois propositions faites par votre gouvernement, je crois vous donner une preuve de mon désir d'exécuter fidèlement la convention et de consolider les liens d'alliance et la bonne entente entre la France et l'Italie.

On vient de m'apprendre que Garibaldi, malgré toutes les précautions prises par la marine, s'est évadé, profitant d'un grand brouillard. Jusqu'à présent on l'a cru malade et on n'a pas encore pu savoir où il s'est dirigé. Si c'est vrai, cela va nous donner de nouveaux embarras.

Malgré ce nouvel incident qui pourrait aggraver la situation, j'ai confiance qu'on maîtrisera la révolution et que nous pourrons ainsi nous mettre d'accord pour trouver les moyens propres à résoudre la question romaine.

Victor Emmanuel.

Florence, 22 octobre 1867, 10 heures du matin.

A Sa Majesté l'Empereur des Français.

Cialdini éprouve de graves difficultés à former un ministère. C'est pour cela que je n'ai pas encore pu faire le manifeste désiré par Votre Majesté. car il ne peut pas être contresigné par le ministère démissionnaire.

Victor Emmanuel.

Florence, 23 octobre 1867,
4 h. 15, soir.

A S. M. l'Empereur des Français,
Saint-Cloud.

J'ai fait partir hier au soir Pepoli pour vous faire une communication verbale de la plus haute importance, pour ce qui regarde la question italienne.

J'espère que le ministère Cialdini sera formé demain. 1,200 volontaires se sont retirés vers nos frontières. J'ai ordonné de les désarmer et de les renvoyer à leurs maisons.

L'esprit public continue à être excessivement tendu ici.

VICTOR EMMANUEL.

Saint-Cloud, 25 octobre 1867,
Midi.

A S. M. le Roi d'Italie,
Florence.

Je vois avec douleur que les promesses de Votre Majesté ne se réalisent pas. Ce retard me cause les plus vives préoccupations. L'augmentation du nombre des volontaires, l'évasion de Garibaldi me prouvent que Votre Majesté se laisse déborder par la révolution et nous expose à des complications qui pourraient troubler les rapports amicaux entre la France et l'Italie.

NAPOLÉON.

Florence, 25 octobre 1867,
10 h., soir.

A S. M. l'Empereur des Français,
Paris.

Cialdini éprouve de grandes difficultés pour la formation du ministère. J'espère pourtant l'avoir dans la journée de demain.

Garibaldi a été arrêté deux fois contre nos lois, et il l'aurait été une troisième sans la crise ministérielle. Les volontaires, au lieu d'augmenter, ont diminué par le grand nombre de ceux qui ont été internés. Il est complétement faux qu'on leur ait fourni des canons et des chevaux. Tout ceci, je puis vous l'assurer d'une manière positive.

Pepoli, qui devrait être arrivé à Paris, vous expliquera quelles sont les vues du nouveau ministère.

La situation est très grave et difficile ici; mais j'espère en venir à bout en conservant les bons rapports d'amitié qui nous lient, si aucune résolution précipitée ne rend pas ma tâche plus difficile encore.

VICTOR EMMANUEL.

Florence, 26 octobre 1867,
1 h. du matin.

A l'Empereur.

Je crains que Votre Majesté ne doute que j'agisse loyalement avec Elle.

Je vous prie, avant de prendre une décision, de parler avec Pepoli, qui doit être arrivé à Paris ce soir.

Les difficultés sont immenses. Je vous prie d'attendre jusqu'à demain soir une autre dépêche.

VICTOR EMMANUEL.

Florence, 26 octobre 1867,
4 h. 40. soir.

A S. M. l'Empereur des Français,
à Saint-Cloud.

Cialdini, malgré ses efforts, a échoué à former un ministère. Menabrea aura ce soir un ministère constitué, qui exécutera demain les propositions de Votre Majesté, déjà acceptées par Cialdini, pourvu que Votre Majesté suspende son intervention militaire.

Je vous prie de me faire connaître vos intentions, sans cela je serai forcé de prendre d'autres résolutions.

VICTOR EMMANUEL.

Saint-Cloud, 26 octobre 1867,
1 h. 1/2 du soir.

A S. M. le Roi d'Italie,
à Florence.

J'ai arrêté jusqu'à présent, sur votre demande, le départ de la flotte; mais aucun cabinet n'est formé; les révolutionnaires continuent à envahir les États pontificaux ; Rome même court des dangers.

Je ne puis donc retarder plus longtemps l'occupation de Civita-Vecchia. Cette mesure n'a rien d'agressif contre l'Italie. Nos deux pays sont également intéressés au triomphe de l'ordre et de la légalité.

Les invasions révolutionnaires tentées contre Rome sont une violation du droit public et des traités. Mon intention n'est pas d'ailleurs de prolonger l'occupation. Dès que l'ordre sera rétabli, je ferai tous mes efforts pour engager les puissances à régler une question qui intéresse à un si haut degré l'Europe entière.

Votre Majesté peut, si elle le juge utile, publier cette dépêche.

NAPOLÉON.

Florence, 25 octobre 1867,
11 h. 30 du soir.

A S. M. l'Empereur des Français,
Saint-Cloud.

Je vous ai dit que le ministère Menabrea était fait ce soir si Votre Majesté empêchait l'expédition, et que demain matin on mettrait à exécution les conditions que vous désirez.

Le cabinet est constitué comme je vous l'ai promis. Je vous prie de me dire si, avec cela, vous voulez faire l'occupation.

VICTOR EMMANUEL.

Florence, 27 octobre 1867,
8 h., matin.

A S. M. l'Empereur des Français,
Saint-Cloud.

Je vous prie de faire réponse à ma dernière dépêche, car le ministère Menabrea ne pourrait même plus rester si vous intervenez.

VICTOR EMMANUEL.

Saint-Cloud, 27 octobre 1867,
9 h du matin.

A S. M. le Roi d'Italie,
à Florence.

Il m'est matériellement et moralement impossible d'arrêter l'expédition.

NAPOLÉON.

Florence, 27 octobre 1867,
1 h. 35, soir.

A S. M. l'Empereur des Français,
à Saint-Cloud.

Je suis fâché des dispositions que vous avez prises.

Menabrea reste avec le ministère qu'il avait formé. Par suite du débarquement des troupes françaises sur le terri-

toire romain, les dispositions qui avaient été arrêtées doivent être changées. Elles ont pour but de rétablir l'ordre et
de sauvegarder l'amour-propre national.

VICTOR EMMANUEL.

Saint-Cloud. 27 octobre 1867.

A. S. M. le Roi d'Italie,
à Florence.

Je regrette les nouvelles dispositions que Votre Majesté
semble vouloir prendre, car elles peuvent amener les plus
graves complications.

NAPOLÉON.

Florence, 27 octobre 1867, 4 heures du soir.

A S. M. l'Empereur des Français, à Saint-Cloud.

Du moment que Votre Majesté a cru devoir occuper,
malgré mes observations, Civita-Vecchia, l'état de choses
établi par la convention se trouve nécessairement changé.
En conséquence, j'ai donné ordre à mes troupes qui se trouvent à la frontière de s'avancer sur le territoire romain et
de concourir au rétablissement de l'ordre et de la légalité.
Comme Votre Majesté le reconnaît, cette intervention n'a
rien d'hostile envers la France avec laquelle nous désirons
toujours conserver les meilleures relations, mais vous comprendrez que c'est une question d'honneur national. Il est
inutile de dire à Votre Majesté que nos troupes ont reçu
l'ordre d'éviter tout conflit avec les troupes françaises, et j'ai

pleine confiance que vous voudrez donner les mêmes instructions à votre armée.

Je désire vivement me mettre d'accord avec vous pour résoudre cette question qui est vitale pour l'Italie et à laquelle se relient tant d'autres intérêts. Si vous voulez arrêter le débarquement, je serai encore à temps pour contremander l'ordre que j'ai donné.

Victor Emmanuel.

Saint-Cloud, 27 octobre 1867, 11 h. 3|4 du soir.

A S. M. le Roi d'Italie, à Florence.

Si j'acceptais, comme le propose Votre Majesté, un système d'abstention, on n'empêcherait pas les bandes révolutionnaires de s'emparer de Rome.

L'entrée des troupes de Votre Majesté sur le territoire pontifical sera, je le répète, la cause de graves complications. Je le regrette profondément.

Napoléon.

Florence, 28 octobre 1867, 8 h. 10 du matin.

A S. M. l'Empereur des Français, Saint-Cloud.

Je pense que vous aurez déjà lu ma proclamation d'hier dont, sans doute, vous serez satisfait. Dans l'état actuel de l'opinion en Italie, il me serait impossible, sans courir les plus grands dangers, de renoncer à entrer sur le territoire romain, si les troupes de Votre Majesté débarquent à Civita-Vecchia. D'après les ordres que j'ai donnés à mes troupes, et pourvu que Votre Majesté le veuille bien, les complications qu'elle redoute ne sont nullement à craindre.

Je doute que Garibaldi puisse si facilement entrer à Rome. En tout cas, soit qu'on occupe ou qu'on n'occupe pas, tout pourrait s'arranger si Votre Majesté veut faire une proposition pour régler l'affaire des Romains.

VICTOR EMMANUEL.

Saint-Cloud, 28 octobre. 1867. 5 heures du soir.

A S. M. le Roi d'Italie, à Florence.

La proclamation de Votre Majesté peut donner lieu à de fausses interprétations. Il n'y a que la réunion des puissances qui puisse aujourd'hui résoudre la question romaine.

Je ne puis m'empêcher d'insister auprès de Votre Majesté pour lui signaler les dangers d'une double intervention.

Je pense, comme vous, qu'il faut éviter un conflit entre nos deux armées.

NAPOLÉON.

LXV

Note de l'Empereur.

Ordres donnés au général Fleury envoyé en mission en Italie. La note est de la main de M. Conti.

La mission que je confie au général Fleury a plutôt un caractère confidentiel qu'officiel, comme celle dont j'ai chargé le prince Napoléon, il y quelques mois. Elle consiste à faire au roi d'Italie et à ses ministres des déclarations catégoriques et à leur donner des conseils inspirés par un véritable intérêt pour la prospérité de l'Italie.

Ces déclarations sont les suivantes : L'Empereur, par conviction autant que par intérêt politique, ne peut pas abandonner le Saint-Père et emploiera tous ses efforts pour l'empêcher de quitter Rome.

L'Empereur exécutera fidèlement la convention du 15 septembre, persuadé que de son côté le gouvernement italien tiendra ses engagements et qu'il fera même davantage. Son influence sur le parti libéral à Rome est immense, et l'Empereur sait bien qu'il dépend de lui de prévenir dans cette crise toute manifestation, toute émeute, toute révolution. Si donc, après le départ des troupes françaises, le Pape était obligé de se retirer devant une émeute, l'Empereur n'hésiterait pas à le ramener avec ses troupes. Dans ce but, il laissera toujours entre Toulon et Marseille 20,000 hommes prêts à être transportés à Civita-Vecchia, au premier appel.

L'Empereur croit équitable que l'Italie rembourse au Pape la dette des provinces annexées, à partir du jour où ces annexions ont eu lieu. Tant que la question de la dette ne sera pas résolue, la convention du 15 septembre ne se trouvant pas exécutée de la part de l'Italie, les troupes françaises resteront à Rome.

Conseils à donner.

Conseiller au Roi de montrer plus d'énergie, de prendre en main le gouvernement de l'Etat, de diminuer ses dépenses et rétablir ses finances; à (sic) s'entendre avec Rome sur les questions religieuses; de reprendre la négociation Vegezzi; d'admettre les évêques dans les diocèses, sans exiger d'eux le serment, obstacle inutile à soulever.

Si le gouvernement italien marche dans cette voie, il peut être sûr de la sympathie et de l'appui de l'Empereur Napoléon; sinon, non.

Il va sans dire que le gouvernement français fera tous ses efforts pour ramener le Pape à des concessions qui rendent possible une réconciliation avec l'Italie.

LXVI

M. Thiers à M. Ch. Desplans.

M. Ch. Desplans, d'Orange (Vaucluse), adresse à l'Empereur, le 11 juillet 1869, la lettre suivante, qu'il a reçue de M. Thiers en 1848. L'Empereur a fait remercier.

(Note du cabinet.)

Paris, 7 novembre 1848.

Monsieur Ch. Desplans, à Orange (Vaucluse).

En réponse à votre lettre du 4 novembre, et sans prétendre vous diriger, je vous donne l'avis des hommes les plus éclairés du parti modéré. La rue de Poitiers n'a pas voulu avoir de candidat pour ne pas diviser les voix de tous les amis de l'ordre. Placée entre le général Cavaignac et Louis-Bonaparte, elle laisse couler ce torrent de sympathies populaires, sans y faire obstacle. Pour combattre ce torrent au profit du général Cavaignac, il aurait fallu que celui-ci le méritât par la fermeté de sa conduite, par une politique

rassurante et résolue dans le sens de l'ordre. Il n'en a rien
fait, et dès lors un effort en sa faveur ne saurait être motivé.
Ne pas agir, c'est laisser les voix se porter sur Louis-Bonaparte. Les principaux membres du parti modéré s'y résignent. Louis-Bonaparte, repoussé par les rouges, ne pourra
jamais être à eux. Dès lors, sans le considérer comme un
bien, on peut le considérer comme un moindre mal, et à
moins d'événements nouveaux, je crois que l'on doit voter
pour lui. Je n'ai pas de grandes illusions sur sa personne et
son mérite ; mais, bien entouré, il pourra peut-être rendre
service. La révolution du 24 février ne nous a pas placés
dans une situation facile. Nous devons donc ne pas aspirer
au bien, mais au moindre mal. Voilà mon avis, puisque vous
me le demandez.

Je vous prie de vouloir bien garder cette lettre pour vous,
car je ne désirerais pas qu'elle fût publiée. Quant à mon
opinion, du reste, je n'en fais pas mystère.

Recevez, Monsieur, mes compliments empressés.

A. Thiers, représentant du peuple.

LXVIII

Le général Canrobert à M. Mocquard.

Au quartier général, 22 mai 1855.

ARMÉE D'ORIENT

—

Cabinet du géréral commandant en chef.

Mon cher M. Mocquard,

Les Anglais, avec lesquels j'ai été assez heureux pour conserver, dans l'intérêt de notre Empereur et du pays, les meilleures relations, étaient, depuis près de deux mois, en désaccord avec moi sur les opérations du siége autant que sur les opérations extérieures de l'ennemi : leur non coopération venait tout récemment d'arrêter l'exécution d'une des importantes parties du beau plan de campagne de Sa Majesté! L'ordre que j'avais dû donner de faire rentrer l'expédition de Kertch les avait singulièrement froissés; pour eux, j'étais devenu un obstacle; il y avait là un danger pour le service de mon souverain; j'ai dû m'effacer et rester comme *bras* au milieu d'une armée dont j'avais été la *tête* et qui n'a cessé de me combler de marques d'une confiance et d'une affection telles, que je ne pense pas qu'il s'en compte beaucoup d'exemples dans l'histoire!

On n'a pu comprendre ici que des deux généraux en chef anglais et français, ce fût le dernier qui se retirât!!!

Mon acte va paraître absurde et un aveu d'impuissance aux uns; aux autres, il semblera sublime! C'est tout simplement l'acte d'un soldat dévoué à son Empereur et à son pays, qui sait placer leurs intérêts avant les siens propres.

> Tout à vous de cœur,
>   Général CANROBERT.

Je suis un peu fatigué, mais pas assez pour ne pas traverser la campagne à la plus grande gloire de nos armes.

Votre fils va bien; il porte la croix du sultan que j'avais demandée pour lui.

Soyez assez bon pour me donner des nouvelles de la santé de l'Empereur et de l'Impératrice.

LXVIII

Rapport sur la situation (1857), *par M. de Maupas, avec un projet de ministère : Thiers, Persigny, Abbatucci, Canrobert ou Pélissier, de Flavigny.*

En tête, de la main de l'Empereur :

« *A garder comme minute.* »

N.

Paris, le 8 mai 1857.

Sire,

J'ai l'honneur de soumettre à Votre Majesté une note dans laquelle j'ai résumé certaines appréciations sur la situation politique de son gouvernement.

Elles me sont inspirées par un ardent désir de voir toujours et partout prospérer un gouvernement qui a déjà rendu de si grands services au pays ; — et par cette pensée qui occupe souvent mon esprit : — je voudrais voir l'Empereur *aidé* et non pas *entravé* par ceux qui l'entourent.

Je suis avec respect, Sire, votre très humble, très obéissant serviteur et dévoué sujet,

DE MAUPAS.

NOTE

Depuis bientôt quatre ans, tout l'intérêt politique, en France, s'est porté sur les affaires extérieures.— Les nobles et fières négociations de 1853, l'attitude, nouvelle depuis quarante ans, de cette France confiante dans sa fortune et son droit : offrant d'une main les solutions de la sagesse pour dénouer les complications européennes, laissant voir, dans l'autre, l'épée terrible dont elle était prête à se servir, cette guerre glorieuse, cette paix soudaine, l'arbitrage de l'Empereur pour trouver un terme à la lutte, ces différentes visites des princes et des souverains de l'Europe! il y a eu là, pour l'Empereur, une grande gloire; pour la France, une grande et belle situation reconquise; pour le peuple, pour toute la nation, un aliment à cette soif de l'esprit français qui veut trouver dans son gouvernement de l'*intérêt!* du *nouveau!*

La politique extérieure de l'Empereur a donc largement payé sa part à cette exigence de nouveautés du pays. Elle a paralysé chez ses adversaires eux-mêmes toute pensée de critique, en ne laissant place qu'à la satisfaction, l'admiration, la reconnaissance du patriotisme.

A l'intérieur en a-t-il été de même?

Sans doute, il s'y est fait de grandes choses par la volonté de l'Empereur. Si ses inspirations pouvaient arriver à la nation, pour ainsi dire sans intermédiaires, sans interprètes, l'effet en serait toujours certain. Mais, faut-il le dire? plus d'une fois, de grandes et fécondes conceptions, dans lesquelles l'Empereur, à la hauteur où son esprit se place, n'avait pu voir que l'intérêt de son peuple, l'agrandissement de son bien-être matériel et moral, le développement du crédit public ; plus d'une fois, dis-je, ces grandes pensées de l'Empereur n'ont-elles pas été exploitées par les intérêts personnels, par la spéculation ? Ce qui était une *grande chose* en sortant de l'esprit de l'Empereur, devenait, par les intermédiaires de l'exécution, *une grande affaire.*

Sans doute la nation sait faire la part de chacun : à l'Empereur l'inspiration grande, utile, révélant sa sollicitude pour le pays ; mais à côté, critique amère, excitation générale contre les hommes qui trouvent là la source de ces fortunes énormes qui, sans être peut-être malhonnètement acquises, n'en sont pas moins la base d'accusations pénibles et de répulsions prononcées contre ceux qui les ont amassées. Une défaveur marquée s'est attachée dans l'opinion aux favoris de la fortune et de la spéculation. On a cru apercevoir ses profits jusque dans les sphères élevées du gouvernement. De ces suppositions l'esprit de critique a fait son terrain pour modeler sur ce point une sorte d'opinion publique ; concluant du particulier au général, faisant de l'exception la règle, il a dit :

« La spéculation a tout envahi : Le pouvoir est aux mains « des gens qui s'en servent pour faire fortune, ou pour en « faciliter les moyens à ceux qui les approchent, » et combien ajoutent : « Si l'Empereur le savait ! »

C'est un malheur, sans doute, et pour beaucoup une injustice que ce jugement. Mais, comment refaire l'opinion ? Comment l'éclairer même ? De sa part, il faut prendre les faits tels qu'elle les donne, et en tenir compte. — Et quand elle dit :

« Les hommes du gouvernement ne sont pas entourés de « la considération qu'ils auraient dû savoir mériter, » il faut reconnaître qu'il y a là un thème à des attaques qu'il serait d'une haute utilité de conjurer.

Sont-elles les seules ? Non, à coup sûr. On dit encore :

« Si de l'Empereur jaillit la pensée gouvernementale, la « pratique du gouvernement est naturellement confiée à « ceux que j'appelais plus haut les interprètes et les inter- « médiaires, et qui sont plus particulièrement les ministres. « Secondent-ils partout l'activité de conception de leur « maître ? Le comprennent-ils toujours ? Non ! »

On se plaint de voir les pensées de l'Empereur paralysées dans leur passage de la conception à l'exécution. La quiétude de certains a amoindri le profit que l'on pouvait attendre de leur valeur. La somnolence de leur sécurité, pour leur situation, a éteint chez eux l'esprit d'initiative, l'activité dans la direction de leurs départements; et l'opinion, qui saisit volontiers le défaut de la cuirasse, ajoute à l'impression que je donnais plus haut pour « certains ministres « usés, hommes fatigués, endormis dans une oisiveté dorée, « ne s'élevant pas à la hauteur, à la dignité à laquelle leur « auguste maître et le pays les obligent. »

L'esprit français est ainsi fait, que, quand il a trouvé une voie pour la critique, il la suit avec une persévérance soutenue, à moins qu'on ne l'en détourne par des moyens héroïques. On ne change pas l'esprit d'une nation; mais il est regrettable de céder à sa pression; le mieux n'est-il pas, tenant compte de sa nature, de pressentir ses exigences, et, sous forme indirecte, de les satisfaire par anticipation ?

Si l'Empereur reconnaissait, comme nous, que l'opinion n'est point avec ses ministres, que tout en sachant qu'il est moins nécessaire de trouver chez eux aujourd'hui les qualités de gouvernement qui leur étaient indispensables sous un autre régime, elle veut néanmoins, dans leurs tendances et leurs allures, plus d'harmonie avec celles du chef de l'État, plus de dispositions à le seconder dans ses vues ; qu'ils sont dès lors une sorte de difficulté, de pierre d'achoppement dans l'opinion, le point de départ de bruits fâcheux et regrettables, ne penserait-il pas qu'une modification radicale aurait un avantage réel ?

Les modifications ministérielles isolées passent inaperçues ; les modifications d'ensemble, outre qu'elles évitent à l'Empereur le regret de mesures individuelles, toujours pénibles, produisent une impression marquée.

Que l'Empereur se reporte un instant à la formation du cabinet du 31 octobre 1849... — Les temps ne sont plus les mêmes, sans doute. Malgré cela, plus d'une impression d'alors serait encore l'impression d'aujourd'hui.

Cet imprévu du 31 octobre fut une surprise générale. Comme il y avait là du nouveau, et qu'avec le nouveau on est le plus souvent applaudi en France, l'approbation fut presque unanime. Cependant, le cabinet qui tombait alors était-il attaqué, usé dans l'opinion autant que celui-ci ? Mais il y aurait aujourd'hui plus à faire qu'à cette époque. Il faudrait trouver un ensemble d'hommes qui inspirât confiance et surtout considération ; chez les uns, un mérite réel, chez les autres la notoriété, chez tous le renom d'une probité scrupuleuse, et avec cela certaines apparences au moins d'idées qui pourraient signifier une sorte de concession au libéralisme.

Je vois à l'écart un homme dont le nom aux affaires serait une bien grande surprise pour tous, une bonne fortune dans un conseil, car sa science en toutes choses en fait une sorte d'encyclopédie gouvernementale vivante, un coup de massue pour son parti, une conquête réelle pour le pouvoir. Cet homme, que dans son discours d'ouverture aux chambres et dans notre dernière entrevue, l'Empereur a en quelque sorte désigné à mon esprit, cet homme, c'est M. Thiers. Il n'y a certes pas trois personnes en France qui songent à M. Thiers pour prendre part aux affaires du pays. Est-ce un mal ? Non ! L'un des caractères les plus séduisants, pour l'opinion, de la politique de l'Empereur, c'est l'imprévu, et ce mérite on ne saurait au moins le contester à un cabinet dont ferait partie M. Thiers.

Mais ici viennent se placer quelques objections.

M. Thiers n'est pas populaire! L'Empereur ne l'est-il pas assez par lui-même pour se passer de quelqu'un qui le soit à côté de lui ? Et d'ailleurs, on ne lit pas, sans qu'il en reste au moins un sentiment d'admiration, si ce n'est de sympa-- thie, « l'historien illustre et national » de la plus belle page de l'histoire de la France.

M. Thiers est l'homme des classes hostiles, de la bourgeoisie criarde et malveillante, sans doute! Mais n'est-ce pas une conquête que de lui prendre, à cette bourgeoisie criarde et malveillante, son chef et son drapeau, et un chef ne sait-il pas toujours se faire suivre au moins d'une partie de ses soldats?

Avec M. Thiers et ses antécédents, n'a-t-on pas à craindre, dans un moment critique, des tendances ennemies, au sein même du conseil de l'Empereur ?

Les noms de M. de Persigny, M. Abbatucci, dans le même cabinet, outre le piquant d'un pareil assemblage, ne seraient-ils pas un contrepoids suffisant? Une de nos gloires de Crimée viendrait siéger à la guerre, Canrobert ou Pélissier. Un homme de l'ancien parti Thiers, homme capable, probe et estimé, M. de Chasseloup-Laubat, ne pourrait-il pas venir continuer à la marine le bien qu'il y avait commencé en servant d'ailleurs de cortége à son ancien chef? Et pour donner à l'opinion légitimiste une sorte [de satisfaction, M. de Flavigny ne serait-il pas de mise dans ce cabinet?

Ministère imprévu, conciliation, progrès, capacité, considération publique et privée, tel serait l'ensemble de la combinaison; telle serait l'impression publique.

Mais les hommes accepteraient-ils le rôle auquel on songe pour eux? J'ai personnellement des raisons de le penser. Il serait trop long de les donner ici. Mais si Sa Majesté le désirait, j'aurais l'honneur de lui soumettre mes impressions à ce sujet.

Pour ma part, je verrais là, pour l'opinion, un réveil qui, sans aucun doute, serait profitable au gouvernement de l'Empereur, et je serais heureux d'être le spectateur d'une sorte de coup d'État ministériel qui balayerait, d'un seul coup, le champ de la critique et ne laisserait de place qu'à cette impression :

« L'Empereur suit en toute circonstance l'opinion pour
« lui prouver, juste au moment donné, qu'il sait encore
« mieux qu'elle trouver la solution des difficultés gouverne-
« mentales. Il ne les laisse durer que pour les mieux faire
« sentir et les mieux résoudre. »

LXIX

Rapport sur la situation (1867) *par M. de Saint-Paul,*
avec un projet de COUP D'ÉCLAT.

Sire,

Il est des moments où les serviteurs dévoués doivent savoir surmonter la crainte de paraître importuns.

Veuillez lire la note qui accompagne cette lettre. Elle expose et dénonce les embarras de la situation.

J'ai la foi la plus entière dans l'opportunité du projet et dans la réussite triomphale de son exécution.

J'ai bien l'honneur d'être,

Sire,

de Votre Majesté,

le respectueux, fidèle et dévoué serviteur et sujet,

SAINT-PAUL,
Député.

Paris, le 25 novembre 1867.

LA SITUATION

Nous allons voter les lois sur la presse et le droit de réunion.

La plupart d'entre nous se résignent à suivre sans conviction et sans confiance la voie dans laquelle entre le gouvernement.

D'autres comptent faire de l'ordre par le désordre et arriver à leur but par l'agitation. Je parle de ceux qui désirent voir le gouvernement se solidariser avec le pays, voir les ministres pris parmi les élus du suffrage universel , les ministres s'appuyant les uns sur les autres, et devant leur situation plus à leur position vis-à-vis du pays qu'à la spontanéité du prince, et ainsi moralement responsables.

Ceux-là veulent l'empire et la dynastie, mais ils savent bien que le gouvernement personnel ne résistera pas à un régime de discussion si la presse est libre et si le suffrage universel n'est plus soumis exclusivement à la pression administrative.

Je ne parle pas de ceux qui veulent le désordre pour lui-même. Ceux-là sont convaincus qu'il n'y a pas d'homme en ce monde qui puisse avoir toutes les responsabilités, et affronter et subir sans danger, dans un pays inflammable comme le nôtre, les attaques de chaque jour de la presse révolutionnaire.

Ces libertés, d'ailleurs, que nous allons voter, ne contenteront personne; on ne saura aucun gré à l'Empereur de les avoir données, et on s'en servira pour l'amener soit à un coup d'Etat, soit à résigner le pouvoir personnel. On montrera les ministres sans caractère, sans indépendance, attachés à

leur portefeuille, à la curée des honneurs et des (*illisible*);
le Sénat mis au régime de la reconnaissance ; le Corps législatif à l'objectif (*sic*) de la réélection, avec ou sans l'appui
du gouvernement. — Bref, nulle part indépendance, contrôle, dignité et liberté vraie de conscience.

On montrera l'Empereur seul dans son omnipotence,
affrontant la fortune, et ne préparant pas un gouvernement
transmissible.

La presse, rassurée sur son existence, réagira sur le
passé et signalera les faits graves qui ont pu se commettre
à l'abri de tout contrôle.

En un mot, le système que l'on nous conseille amènera
un affaiblissement de l'autorité, augmentera l'incertitude
qui règne dans les esprits ; la confiance sera en suspens , les
affaires ne reprendront pas, et il sera difficile de gouverner
un pays mécontent de lui-même et des autres.

Le système, du reste, n'est qu'un *incident*. Loin de répondre aux préoccupations du moment, il les complique et
les rend dangereuses.

Quelles sont ces préoccupations ?

1° Arrivés à la période révolutionnaire, comment la surmonterons-nous ?

2° Comment ferons-nous cesser les reproches qu'on
adresse à la politique extérieure ?

Pourquoi avoir laissé faire l'unité italienne et facilité
l'unité germanique ?

Pourquoi avoir fait la guerre du Mexique? avoir amoindri notre prestige et perdu le rôle dominant que nous
exercions sur le continent européen ?

3° Comment se transformera le gouvernement personnel ?

4° Comment renaîtra la confiance et reprendront les
affaires ?

La période révolutionnaire. — C'est par UN COUP D'ÉCLAT qu'il faut en sortir; il faut s'en séparer et entrer dans une nouvelle période.

Les reproches qu'on adresse à la politique extérieure. — Il faut les éteindre dans un vote populaire.

Le gouvernement personnel. — Il faut l'harmoniser à la période dans laquelle nous sommes, qui n'est évidemment que la période dictatoriale; et pour éviter le gouvernement parlementaire ou les périls d'un coup d'Etat, prendre les devants, maintenir le gouvernement personnel dans les limites acceptables et le rendre transmissible.

Les affaires renaîtront, si la presse cesse d'agiter le pays, si le gouvernement s'impose un système arrêté et suivi, et si des révolutions inattendues ne viennent pas périodiquement déranger les calculs les mieux combinés.

Ce but semble pouvoir être atteint.

Pour cela, il faut éviter les agitations stériles des interpellations; les agitations durables que peuvent engendrer les lois sur la presse et sur le droit de réunion. Il faut surtout aller au devant des difficultés, les attaquer de front, les dominer et reprendre vis-à-vis du pays et de l'Europe la situation compromise.

Un coup d'éclat fait subitement et avec une grande décision atteindrait le but. Son succès est infaillible, surtout s'il est fait immédiatement.

Voilà comment on pourrait le comprendre:

Laisser en suspens les lois proposées et les interpellations;

Dissoudre la Chambre *immédiatement;*

En même temps donner son programme:

Annoncer la volonté de provoquer tout concours, tout contrôle par le conseil des ministres, les Chambres et la

presse, sans autre limite que celle compatible avec la stabi-
lité des institutions, l'ordre public et les pouvoirs conférés
au Souverain par la Constitution ;

La promesse de soumettre au Corps législatif le budget
de la ville de Paris ;

Réitérer la volonté de maintenir la paix, et de ne s'engager dans aucune guerre qu'autant que l'honneur et l'intérêt du pays l'exigeront, et de favoriser et de seconder le
travail national ;

Déclarer que les élections solennelles qui vont s'ouvrir
seront complètement libres.

Le pays s'expliquant en présence des faits accomplis et de
la situation présente ferait cesser toute incertitude, en donnant à ses députés la mission de suivre et de seconder le
gouvernement dans l'exécution de son programme, et sans
récrimination pour le passé.

Dans l'état des esprits, en l'absence de la presse opposante
locale, de toute candidature d'opposition posée à l'avance,
quand, en un mot, l'esprit public n'a pas été faussé, cet
appel au pays est d'un succès *certain et foudroyant.*

Le prestige du gouvernement, l'habitude de suivre l'im-
pulsion de l'autorité rendent les circonstances actuelles sans
danger avec des élections qui auraient l'air d'être abandon-
nées à toute liberté.

Cet appel solennel aurait pour résultat de consacrer à
nouveau la dynastie et le pouvoir, et de les mettre à l'abri
de toute attaque : Ce serait pour ainsi dire un nouveau règne.

Qu'on compare les deux systèmes :

D'un côté, danger certain sans probabilités d'avantages.

De l'autre, le succès et l'hérédité assurés.

Paris, 25 novembre 1867.

LXX

M. Haussmann à l'Empereur.

Cabinet du sénateur préfet
de la Seine.

Sire,

J'ai installé aujourd'hui même le Conseil municipal de Paris. A cette occasion, je lui ai adressé, selon l'usage, un discours, et j'en ai tiré naturellement le sujet du projet de loi annoncé par l'Empereur dans le discours du Trône, qui doit conférer désormais la nomination de ce Conseil au Corps législatif.

Je me suis attaché, comme c'était mon devoir, à mettre en relief les grandes raisons qui motivent, pour les magistrats de la vieille capitale, une investiture plus haute que celle de ses seuls habitants... et que la composition du Conseil municipal, par décrets impériaux, a toujours offert la représentation la plus parfaite qu'on pût désirer des intérêts généraux et locaux que ce Corps avait tout à la fois à sauvegarder.

Que le Corps législatif fasse bien, c'est désirable; qu'il fasse mieux, c'est impossible...

J'ai l'honneur, etc.

HAUSSMANN.

Paris, 3 décembre 1869

LXXI

Lettre de M.••• [1], *député de l'opposition, à M. Conti.*

Paris, le 2 avril 1870.

Mon cher monsieur Conti,

J'ai l'honneur de vous adresser sous ce pli une note très brève, écrite fort à la hâte, mais contenant exactement mon sentiment sur la situation présente. Cela me semble tellement clair et évident que je ne puis même comprendre qu'on hésite.

J'ai écrit la proclamation, ou plutôt j'en ai tiré les idées principales, — comme je la voudrais pour jeter un grand ébranlement au cœur des masses. Je tiens à votre disposition cette étude, si elle peut vous être *bon* à quelque chose.

Veuillez agréer, mon cher monsieur Conti, l'assurance de ma haute considération et de mes sentiments bien dévoués.

***.

1. Le nom a été supprimé sur le désir de l'éditeur.   R. H.

LXXII

Le général Türr à l'Empereur.

Il lui signale les manœuvres russes en Autriche, 1867
Nous laissons à la lettre son orthographe.

Sire,

Ayant eu l'occasion dernièrement de traverser l'Autriche, la Hongrie, la Croatie, la Serbie et la Bulgarie, j'ai pu me convaincre par mes yeux de l'active propagande panslaviste fait par la Russie et soutenue par la Prusse.

Si un guerre venait à éclater entre la France et l'Allemagne, on peut croire, avec certitude, que la Russie ferait soulever contre l'Autriche les populations slaves, qui sont sous le septre de la maison de Haspbourg. Soutenue par la seule Hongrie, l'Autriche pourrait à peine lutter contre un soulèvement fomenté et appuyé par le cabinet de Saint-Pétersbourg. Le même sort attendrait la Turquie débordé par les Grecs, les Serbes et autres populations mal soumis.

Pour éviter ce double péril, tous mes efforts, pendant mon séjour à Pesth, ont tendu à amener les hommes d'État

14

hongrois à arriver à un reconciliation complet avec la
Croatie. Ce but pourra être atteint facilement si les ministre
hongrois et M. Deak, chef de la majorité, tiennent fidèlement la promesse qu'il m'ont fait.

En effet, pendant mon séjour à Agram, j'ai réuni les chefs
de tous le partie, et après leur avoir communiqué les intentions du gouvernement hongrois, j'ai reçu l'assurence que
sur la base proposé, la Croatie était prêt à s'associer à la Hongrie. Cette réunion pourra se faire si l'Autriche ne revient
pas à son anciène et déplorable système : *divide et impera.*
Si la Hongrie parvient à s'entendre avec les Slaves, l'Autriche sera sauvée; car s'unissant à la Turquie qui n'aurait
non plus alors à redouter les soulèvements de ses populations, à l'exception des Grecs, elle pourait facilement mettre
sur le Karpathe et sur le bas Danube cinq cent mille
hommes très suffisent pour tenir têt aux forces russes.

Se voyant abandoné par l'Occident, les Slaves de Sud
tournent fatalement les yeux vers la Russie et s'imaginent
qu'ils seront ainsi, par elle, mieux traité que la Pologne.

Mais si en vertu de principe de nationalités, Votre Majesté
exigeait la reconstitution de la Pologne, cette guerre ralierait
a la France bien des gouvernements, et pour sûr tous les
nations serraient prêt à faire des sacrifice pour élever un
barrier contre la Russie ; et peut-être même un partie de
l'Allemagne n'hésiterait pas à se joindre aux efforts qu'on
ferait pour neutraliser ainsi le danger que la puissance russe
pourra, tôt ou tard, faire courir à l'Europe.

Sire, je suis de
Votre Majesté,
le tout dévoué et sincère serviteur.

E. Türr.

Paris, le 27 décembre.   50, rue Basse-de-Rempart.

LXXIII

Projet d'organisation d'une loterie (1856).

La note qui suit est précédée du décret sur la loterie du 27 vendémiaire an VI.

Ministère des finances.

—

Direction
de la dette inscrite.

NOTE POUR LE MINISTRE

Il ne paraît pas possible de recourir au système de loterie actuel pour obtenir une somme qui puisse suffire au but qu'on se propose. Si, comme l'a supposé le ministre, on pouvait, pour avoir 20 millions, n'en demander que 30, il y aurait déjà de grandes difficultés dans l'énonciation de la somme à recueillir, dans le délai qu'il faudrait pour la réaliser, etc. Mais ces difficultés augmentent parce que c'est la proportion inverse qui devrait être adoptée pour offrir un appât suffisant aux souscripteurs. Ainsi, il serait nécessaire de fixer l'importance des lots aux deux tiers ou au moins à la moitié du capital émis, et, pour arriver à un bénéfice de 20 millions, il faudrait réaliser un capital de 40 ou 60 millions. Or, il ne faut songer ni à émettre 12 millions de billets à 5 francs en ne s'adressant qu'à un public très restreint, ni moins encore à réclamer 60 millions de billets à 1 franc. Ce serait discréditer la combinaison à sa naissance et faire manquer infailliblement l'opération.

Il est plus simple de reprendre pour le moment le système de l'ancienne loterie qui offre trois avantages principaux. Il dispense de déterminer le chiffre du capital, celui même des mises dont le nombre est illimité. Ce système réunit d'ailleurs plus d'attraits qu'aucun autre. Les tirages multipliés, la proportionnalité du gain à la mise, les combinaisons variées de la loterie et le choix des numéros laissé en entier aux souscripteurs, sont autant d'éléments de réussite. L'ancienne loterie était, on peut le dire, entrée dans les mœurs, et elle est encore vivement regrettée par tous les genres de spéculateurs, par ceux qui croyaient avoir trouvé des combinaisons certaines pour dominer la chance, par les esprits superstitieux qui avaient une confiance illimitée dans quelques numéros de leur choix, par des spéculateurs sérieux qui, pour réaliser des bénéfices importants, risquaient souvent de forts enjeux, enfin, par la foule sincère qui reviendrait avec empressement à une combinaison aimée et qui lui inspire confiance.

L'application temporaire de ce système ne peut donc manquer d'avoir un succès d'autant plus applicable qu'on peut en mesurer la portée presque avec certitude. L'expérience en effet a prononcé, et on voit, en se reportant aux opérations de la loter   que de 1816 à 1828 les bénéfices annuels ont été en moyenne de 14 millions pour 52 millions de mises. Deux années pourraient donc suffire probablement pour se procurer une somme de 28 à 30 millions, en donnant près des trois quarts des bénéfices aux souscripteurs. L'augmentation de la richesse publique pourrait même permettre de compter que ce chiffre pourrait être aujourd'hui atteint, peut-être, dans une année. On s'exposerait, il est vrai, au reproche de procéder par une tentative au rétablissement de la loterie, et je n'y verrais, pour mon compte, guère d'inconvénients, car je crois que le budget a perdu, sans que la morale ait gagné, à la suppression de la loterie qu'on a été amené à autoriser sous d'autres formes.

Si la donnée que j'indique était admise, il y aurait lieu de l'approprier à la loterie qu'il s'agit d'organiser. Ainsi, toutes les autres combinaisons étant maintenues, on restreindrait les tirages qui n'auraient lieu que par trimestre, par exemple. Du reste, cette appropriation n'est pas dans les attributions du département des finances ni de la dette inscrite en particulier. Elle appartiendrait, ce semble, au ministère auquel se trouve ressortir le bureau des longitudes et aux calculateurs qui en font partie.

Ce 17 décembre 1856.

(*Pas de signature.*)

LXXIV

Lettre de M. Duruy à M. Conti.

Cabinet du Ministre
de l'Instruction publique.

Mon cher conseiller,

Voulez-vous lire ce rapport et dire un mot à S. M. des résultats obtenus?

La guerre est aujourd'hui si compliquée et si savante, qu'il ne suffit plus pour la bien faire des bras et des jambes des soldats, il faut aussi leur intelligence.

Des colonels se plaignent de manquer de caporaux; voilà un instituteur qui en a fait cinq en quatre mois.

Veuillez faire remarquer à S. M. que ce qui s'est passé à Parthenay peut avoir lieu partout où se trouvent des soldats et des instituteurs; en d'autres termes, que sans frais et en peu de temps, l'Université peut transformer chaque année les illettrés du contingent.

Votre tout dévoué,

V. DURUY.

LXXV

M. de Laborde à M. Mocquard.

Cabinet du Directeur général
des
Archives de l'Empire.

Le 29 juin 1860.

Mon cher monsieur Mocquard,

Je vous remercie de tout ce que vous déposez aux Archives de l'Empire. N'oubliez pas que j'ai sous ma garde tout l'ancien cabinet de Napoléon Ier (30 à 35 mille minutes de lettres dictées par lui, et 120,000 décrets signés et souvent annotés de sa main). Vous devez donc me réserver le cabinet de Napoléon III ; et par versements successifs vous pourriez vous débarrasser du trop plein Vous savez que j'ai ici les moyens de mettre à l'abri de toute indiscrétion ce qui m'est confié, sans compter la garantie de ma responsabilité.

Agréez, je vous prie, l'assurance de mes sentiments dévoués.—

Comte DE LABORDE.

LXXVI

Lettre de M. Francis Monnier, précepteur du Prince impérial, à l'Empereur.

Sire,

J'ai reçu la lettre de M. le maréchal Vaillant par laquelle Votre Majesté a la bonté de m'informer qu'Elle me fait une pension de 3,000 francs sur sa liste civile Impériale. Cette marque de bonté, **Sire**, m'autorise à parler à Votre Majesté d'un fait qui s'est produit récemment. J'ai écrit une lettre au journal la *Liberté* qui m'avait accusé d'avoir dans les derniers temps négligé les études du Prince. Attaqué, je me suis défendu. Je l'ai fait dans l'intérêt du Prince, auquel il importait qu'on ne crût pas qu'il avait été pendant près de cinq ans confié à un homme capable de manquer ainsi à ses devoirs. Je n'ai dit que ce qui était nécessaire pour me défendre. Je ne suis entré dans aucun détail intime; je n'ai dit que ce que tout le monde sait, pour rappeler les progrès faits par le Prince. J'ai eu soin, Sire, de montrer que LL. MM. étaient parfaitement en dehors du débat qui a été suivi de ma retraite, et que tous les différends survenus s'étaient passés entre une autre personne et moi. Il est bien évident pour chacun que, surtout quand le Prince habite une autre résidence que LL. MM., il m'était impossible, à chaque difficulté survenue, d'aller déranger l'Empereur, au milieu des graves occupations d'une si vaste direction.

Quant à la pension, Sire, que Votre Majesté veut bien m'offrir, Votre Majesté se rappelle sans doute qu'Elle a eu la bonté de me faire la même offre il y a deux mois et demi. Qu'Elle me permette de lui faire la même réponse en la remerciant de nouveau de ses bontés. Si je n'accepte pas, Sire, c'est que, comme j'ai eu l'honneur de le dire à Votre Majesté, je compte reprendre d'ici à un an du service dans l'Université, et que par conséquent je serai à l'abri de tout besoin. La seule récompense que je demande à Votre Majesté, c'est de parler quelquefois de moi au Prince, c'est qu'il ne souffre pas qu'en sa présence on dise jamais aucun mal d'un homme qui n'a eu d'autre ambition que celle de le voir devenir un grand homme; d'un homme qui ne regrette ni les richesses, ni les grandeurs, mais qui le regrette, lui, pour lui-même, pour le désir de lui être utile, et parce qu'il l'a vu tout petit; d'un homme enfin qui l'aime malgré tout et qui l'aimera toujours.

Que Votre Majesté,

Sire,

Daigne agréer l'expression de mes sentiments les plus respectueux et les plus dévoués.

FRANCIS MONNIER.

Bellevue, ce 23 septembre 1867.

LXXVII

Dépêches administratives (Élections 1869).

Préfet de la Vendée à Ministre de l'Intérieur.

Napoléon-Vendée, 19 mai 1869. 4 h. 52, soir.

En présence des attaques dirigées par les prêtres contre
M. de la Poëze, qu'ils accusent de faire augmenter les impôts, que M. de Falloux ferait diminuer s'il était élu; en
présence des menaces dirigées contre un très grand nombre de métayers par une foule de grands propriétaires, il
me paraît urgent et utile de faire afficher et publier dans
toutes les communes les articles 38, 39 et 40 du décret
du 2 février 1852.

Votre Excellence m'en donne-t-elle l'autorisation ?

Préfet Vendée à Intérieur.

Napoléon-Vendée, 29 mai 1869, 1 h. 25, soir.

Il y a eu hier nombreuse réunion de prêtres et de légitimistes... MM. de Falloux et Keller se sont désistés pour la

Vendée. La lutte est désormais circonscrite entre MM. Alquier et de Sainte-Hermine, auquel le clergé s'est rallié ; toutes les chances sont donc pour notre candidat.

Il est indispensable que les journaux de Paris, envoyés en Vendée par Votre Excellence, s'abstiennent de parler du clergé qui marchera désormais avec nous, il y a lieu de l'espérer.

Intérieur à Préfet de Vendée.

Paris, 29 mai 1869, minuit.

La retraite de M. Keller est une bonne nouvelle. Vous faites bien de vous rapprocher du clergé ; je donne des ordres pour empêcher l'envoi des journaux qui feraient une polémique religieuse. Dans d'autres départements, le clergé se rapproche également du gouvernement.

Préfet de la Lozère à Intérieur.

Mende, 22 mai 1869, 9 h. du matin.

Nous sommes débordés par le mensonge et la corruption. Le clergé, exaspéré de nos progrès, combat avec une violence, une mauvaise foi sans précédents. Il reprend tout son empire sur les masses crédules, misérables et cupides, qu'il trompe par ses calomnies et corrompt par les dons qu'il fait au nom et avec l'argent de son candidat. On achète de nouveau la Lozère. Nous faisons tout ce qu'il est humainement possible de faire.

Préfet de la Lozère à Intérieur.

Mende, 23 mai 1869, 7 h. 10 du soir.

Nos derniers efforts ont réagi ; nos proclamations ont produit grand effet. Mende vote avec enthousiasme pour M. Barrot.

Nouvelles très favorables de Florac et de Marvejols.

Préfet du Cher à Ministre de l'Intérieur.

Bourges, 23 mai 1869, 9 h. 35, matin.

L'archevêque a voté et son grand séminaire votera demain pour le candidat officiel. Son grand-vicaire démasqué est parti hier soir sous le coup de la réprobation universelle.

Préfet Côte-d'Or à Ministre de l'Intérieur.

Dijon, 19 mai 1869, 5 h. 25, soir.

Si M. Rolle perd du terrain, c'est sa faute. Sacrifiant à la mode, il voulait agir seul et faire le libéral semi-indépendant. Il exagère le danger ; néanmoins, je vais adresser une circulaire aux maires de la circonscription.

Préfet Saône-et-Loire à Ministre de l'Intérieur.

Mâcon, 24 mai 1869, 9 h. 50, matin.

On me signale une grande agitation dans tout le département. C'est la Révolution qui lutte contre l'Empire. Il est impossible de prévoir le résultat du premier tour de scrutin. Le clergé et les légitimistes se montrent très ardents dans le Charolais; c'est une croisade en faveur de M. de la Guiche.

A Châlons et à Mâcon, les démocrates ont passé la nuit près de la salle du scrutin. Ils menacent les électeurs; c'est de la rage.

La ville d'Autun semble faire défection. Le parti orléaniste, les légitimistes et le clergé se liguent contre M. Schneider.

Quelle lutte! Le Louhanais est calme.

Intérieur à Préfet, Quimper.

Paris, 29 mai 1869, 11 h. 30, soir.

Il est impossible que les voix de M. Kerwéguen, homme du pays, appartiennent à M. Thiers. Rendez-vous sur les lieux; payez de votre personne; en un mot, ne négligez rien pour assurer le succès de M. Dein.

Préfet Finistère à Ministre de l'Intérieur.

Quimper, 3 h. 5.

Je serais déjà parti à Morlaix; mais comme je viens de décider l'évêque à donner nettement son concours contre MM. Thiers et Kératry, je reste ici pour tout arrêter avec lui, et je serai à Brest et à Morlaix dès lundi matin.

Je n'aurai, du reste, terminé que demain mes dispositions pour la candidature du Couëdic. Soyez sûr que rien ne sera négligé.

Intérieur à Préfet, Finistère.

Paris, 29 mai 1869, 11 h. 20, soir.

M. Thiers s'est désisté à Marseille ; il ne se présente plus qu'à Paris et à Morlaix. Veillez sur cette élection et donnez-moi des nouvelles. Ne négligez rien pour empêcher l'élection de M. Thiers à Morlaix.

Préfet de l'Oise à Intérieur.

Beauvais, 23 mai 1869, 8 h., matin.

Je rentre exténué. J'ai fait des efforts surhumains ; 87 communes visitées en onze jours, malgré les conditions déplorables que vous savez.

Préfet à Intérieur.

Perpignan, 11 mai 1869, 11 h. 16, matin.

Le maire de Saint-Félien-d'Avail appartient à l'opposition ; il patronne le candidat républicain. Invité à donner sa démission, il refuse. Je vous demande sa révocation. Sinon, je serai obligé de vous en demander sept ou huit autres avant l'élection. Je vous ai déjà dit et redit depuis un an quel est le mauvais choix de nos maires. Il est impossible que nous laissions celui-ci diriger un bureau de scrutin.

Intérieur à Préfet, Perpignan.

Paris, 12 mai, 10 heures.

Vous pouvez suspendre le maire de Saint-Félien-d'Avail.

Préfet Perpignan à Intérieur.

20 mai 1869, 5 h. 40, soir.

L'adjoint de Fontpédrouze, ceint de son écharpe, a complimenté M. Arago et lui a promis de ne pas soutenir le candidat officiel, mais lui, qui est le candidat désiré par la population. Je demande la révocation de cet adjoint; cette mesure est absolument nécessaire.

Intérieur à Préfet, Perpignan.

Paris, 20 mai 1869, 8 h. 55, soir

Suspendez l'adjoint de Fontpédrouze.

Préfet du Doubs à Intérieur.

Besançon, 24 mai 1869, 8 h., soir.

Le vertige révolutionnaire s'est emparé de tous les esprits à Besançon et dans les cantons environnants ; les ouvriers et les cultivateurs qui fréquentent la ville votent avec entraînement pour M. Ordinaire, qui leur a promis l'abolition des impôts et de l'armée. Tout fait présager son succès que personne n'admettait il y a trois jours.

Préfet du Doubs à Intérieur.

Besançon, 26 mai 1869, 12 h. 19.

Un article du *Moniteur* annonçant la conclusion d'un arrangement en vertu duquel les troupes françaises seraient retirées de Rome au mois de septembre prochain, produit ici le plus mauvais effet au point de vue de la candidature de M. de Conégliano, pour le succès de laquelle l'appui du clergé nous est indispensable.

Peut-on démentir cette nouvelle ?

Intérieur à Préfet, Besançon.

Paris, 29 mai 1869, 3 h. 35.

J'apprends avec plaisir que les voix de M. Pidoux se reporteront sur M. de Conégliano. En présence du désir de M. de Mérode, continuez à soutenir M. de Marmier, mais en évitant toute attaque personnelle contre M. de Latour du Moulin.

Préfet Limoges, à Intérieur.

18 mai 1869, 9 h., matin.

Les principaux maires des cinq cantons sont avec M. de Saint-Paul ; les électeurs sont trompés et entraînés ; il faut que je m'adresse à chacun d'eux ; l'action électorale me manque par en haut, par les maires. Il faut que je la ressaisisse par en bas, par l'électeur. J'adresse à chacun d'eux, dans ces cinq cantons, la proclamation qui vous a été soumise hier.

Quoi qu'on fasse, nous progressons.

Sous-Préfet de Rochechouart à Intérieur.

Rochechouart (Haute-Vienne), 20 mai, 5 h. 32.

Mes efforts sont constants ; terrain très difficile ; mais nous triompherons, je crois.

Préfet Loire-Inférieure à Intérieur.

Nantes, 8 juin 1869, 6 h. 20, soir.

L'agitation a été très grande toute la journée, et se produira encore cette nuit. Quelques contusions reçues par la gendarmerie.

Les ouvriers de la ville ne veulent pas accepter le résultat du scrutin, parce que ce sont les votes des campagnes qui ont fait la majorité de M. Gaudin.

Je crains d'être en face d'une sérieuse émeute.

Préfet Loire-Inférieure à Intérieur.

Nantes, 8 juin, 9 h., soir.

L'agitation est telle à Nantes, que je viens de prier le général de division de demander au ministre de la guerre de renforcer la garnison. Beaucoup de points menacés ; la terreur règne dans les campagnes des environs de Nantes.

15

Béhic à Empereur.

Marseille, 25 mai 1869, 10 h. 50, matin.

Il semble qu'au moment opportun Lesseps se prononce en faveur des intérêts religieux qui sont encore prépondérants à Marseille.

Je pars pour Paris.

BÉHIC.

LXXVIII

Lettre de M. Ad. Lucy à M. Mocquard.

En tête, de la main de M. Mocquard : *Que M. Wagner adresse requête sous le couvert de M. Mocquard.*

Mon cher vieux camarade,

C'est moi dont vous n'entendez jamais parler qui viens demander avis à votre expérience, car, loin comme je suis, et tout entier aux soucis de préparer le pain quotidien de notre armée de Chine, je n'ai guère le temps et le savoir-faire pour engager une affaire où j'entrevois un honneur très désirable pour le règne de l'Empereur ! — Vous allez trouver que je le prends de bien haut, mais tâchez de trouver le temps de me lire jusqu'au bout. Je suis intime-ment lié avec un proscrit, et vous savez mieux que moi si un homme de cœur a le droit de s'attacher à une illustre infortune ! Mon ami est Richard Wagner, ce poète-compo-

siteur que l'Allemagne tout entière exalte en ce moment
pour ses opéras du Tannhaüser, du Lohengrin et autres.
Wagner, bien revenu, ma foi, des billevesées de jeunesse
qui l'ont fait sortir de Saxe, s'est donné corps et âme à son
art, et puis le voilà arrivé à Paris avec la soif de s'y voir et
entendre représenter, ce qui lui a manqué jusqu'ici, chose
sans exemple pour un artiste de sa valeur! Il a l'idée que
l'Empereur seul a l'esprit assez haut placé et la volonté
assez puissante pour lui assurer ce bonheur, car il ne saurait
se dissimuler, et j'en ai, hélas! la preuve, que même parmi
ceux qui ont le privilége du génie, il y a toujours une petite
case qui n'est point avouable.......... Quoi qu'il en soit, la
question est de savoir par qui et comment faire parvenir
entre les mains de l'Empereur cette pétition, comme n'étant
pas celle d'un inconnu : — convaincu, comme je suis, moi
infime, que l'apparition des œuvres de Wagner sera un événement véritable et sérieux au point de vue de la musique
dramatique, et que cette apparition fera époque, je ne puis
que l'encourager à s'adresser à l'Empereur, protecteur avoué
de toutes les supériorités, et j'ai foi dans le succès; mais
comment s'y prendre? C'est la question que je pose à votre
bonne amitié; tâchez de me répondre un seul mot si vous
l'avez pour bon.

Je suis ici pour deux jours seulement, pour la raison que
je vous ai dite plus haut.

Comptez toujours, mon cher Mocquard, sur cette bonne
amitié de jeunesse, de celles-là qui survivent à tout.

A vous de cœur,

AD. LUCY.
Rue de Clichy, 17.

Paris, 11 décembre 1859.

LXXIX

M. Odilon-Barrot à M. Garnier-Pagès [1].

Paris, le 26 février 1848.

Mon cher Garnier-Pagès,

Depuis votre petit billet qui m'annonçait votre prise de possession du pouvoir et me demandait mon concours, je n'ai pu vous répondre.

Je ne savais et je ne sais encore trop quelle espèce de concours, moi qui suis en dehors de la solution adoptée, je puis vous apporter. Cependant il faut bien que tous les bons citoyens, tous ceux qui ne veulent pas que notre France se perde dans des convulsions intérieures, vous viennent en aide pour deux choses qui me paraissent dominer dans votre mission actuelle.

---

1. M. Garnier-Pagès, en 1848, avait sans doute laissé cette lettre aux Tuileries.

La première c'est que, en ressaisissant cette liberté d'action qui doit appartenir à tout gouvernement, et qui est plus nécessaire à notre gouvernement révolutionnaire qu'à tout autre, parce que ses nécessités sont plus grandes, vous empêchiez que la révolution politique, aussi profondément politique que vous voudrez, ne devienne révolution sociale, qu'elle atteigne les propriétés et la famille.

La deuxième, c'est que l'appel fait aux élections générales, expression de la souveraineté nationale, soit sincère; je n'admets pas plus les mensonges de la place publique que les mensonges des rois. Des élections faites sous les influences de la violence ne me paraissent pas préférables à celles faites sous les influences de la corruption.

Ainsi, sécurité pour la propriété et la famille, liberté pour les élections primaires. A ces conditions, et si vous étiez tous bien résolus à les faire respecter, même par la force gouvernementale, je puis vous assurer, non-seulement de mon concours moral, mais même des sympathies de tous mes amis.

Après tout, nul d'entre nous ne se soucie de suivre les errements des émigrés et des Girondins.

Mon dernier mot à la Chambre et au peuple a été : Anathème à qui allume la guerre civile en France; j'y resterai fidèle.

Toujours votre ami de cœur,

ODILON BARROT.

LXXX

Napoléon Ier. — Note sur la situation actuelle de mes affaires, pour M. de Bénévent.

Archives des affaires
     étrangères.   Saint-Cloud. le 12 septembre 1806.

Je n'ai aucun intérêt à troubler la paix du continent. La maison d'Autriche est hors d'état de rien entreprendre. Beaucoup de haines et de rivalités séparent la Russie et la Prusse ; les blessures d'Austerlitz sont encore trop saignantes. Il est probable qu'un corps considérable de Russes ne reviendra pas de sitôt en Europe. La Russie pourrait faire des sacrifices pour attaquer la Porte ; elle pourrait avoir des corps de réserve en Pologne ; je ne pense pas qu'elle se renhardisse à envoyer 100,000 hommes en Allemagne.

L'idée que la Prusse peut s'engager seule contre moi paraît si ridicule, qu'elle ne mérite point d'être discutée.

Je ne puis avoir d'alliance réelle sur le continent avec aucune des grandes puissances de l'Europe. Celle que j'ai avec la Prusse est fondée sur la crainte. Ce cabinet est tellement méprisable, le souverain tellement sans caractère, sa cour tellement dominée par de jeunes officiers qui voudraient courir des aventures, qu'il n'y a aucun compte à faire sur cette puissance.

Elle agira constamment comme elle a agi : elle armera et désarmera ; elle armera, restera en panne pendant qu'on se battrait, et s'arrangera avec le vainqueur.

Toute l'Europe est étonnée des armements actuels de la Prusse. La peur, seul mobile qui depuis douze ans fait agir ce cabinet, l'a porté à se réarmer. S'il en est ainsi, il faut lui donner le temps de se rassurer et le laisser désarmer en paix.

Cependant, il serait possible que la Prusse, après avoir armé par peur, se rassurant par ma condescendance, se laissât abuser sur ses propres forces et contractât des alliances avec d'autres puissances de l'Europe. Ce lien serait fragile sans doute, mais je dois le prévoir et me mettre à couvert. Pour cela je dois : 1º rassurer la Prusse et chercher les moyens de la replacer tranquillement comme elle était, le plus facilement possible ; 2º renforcer mon armée d'Allemagne de tous mes moyens en matériel et en personnel. Mais ces deux mesures sont contradictoires. Si l'on a peur des troupes que j'ai, celles que j'enverrai en inspireront encore davantage. Il faut donc qu'il entre de l'assurance et aussi un peu de peur dans le désarmement de la Prusse ; c'est le fond de la langue de ce cabinet, le seul véhicule qui la remue véritablement. L'arrivée de M. de Lucchesini à Berlin sera un événement. Il faut que M. de Bénévent parle de la revue que j'ai passée hier de ma garde, et de celle d'avant-hier au camp de Meudon, dont la cavalerie est déjà partie ; qu'il étudie une conversation et fasse, s'il est possible, écrire une déclaration par M. Lucchesini, qui donnera une assurance positive des sentiments de sa cour et demandera qu'on attende son arrivée à Berlin, avant de faire partir au moins ma garde, ce que je ne pourrais faire au moins sans instruire le Sénat et le public. Si M. de Bénévent le préfère, il se fera écrire ce billet par le nouveau ministre, avant le départ de M. Lucchesini. Ce ministre dirait qu'il engage l'Empereur à ne rien faire d'extraordinaire jusqu'à ce que le courrier, en réponse à l'entrevue de dimanche, soit de retour.

Par cette démarche, mon but est de changer de rôle, et au lieu de dire : Désarmez, ou la guerre, ce qui est encore une chose trop effrayante pour la Prusse, de dire : Désarmez, si vous ne voulez pas que j'arme davantage. Cette manière a quelque chose de plus rassurant, il y a là dedans encore de l'amitié; on ne veut donc rien entreprendre contre elle : les mouvements de la France sont subordonnés à ceux de la Prusse. Ces démarches sont moitié rassurantes, moitié menaçantes; la première partie calme la peur, la seconde en réveille un peu. Ces mesures mitoyennes sont le véritable topique prussien.

La manière dont on s'y prendra pour obtenir cela est facile : on dira au nouveau ministre, et peut-être aux deux réunis, car cet objet est d'une importance trop nationale pour que les gens, quelque opposés qu'ils soient, ne soient bien aises de se réunir : « L'Empereur a été satisfait de la lettre du roi, il y avait fait une réponse amicale, lorsqu'il a appris que la garnison de Berlin était partie huit jours après cette lettre écrite. Cependant, par la lettre du roi, il paraît qu'il était revenu des craintes qu'on lui avait inspirées. Pourquoi donc continuer les armements? En combinant ces armements avec la fausse nouvelle de la ratification de la Russie, l'arrivée d'un nouveau ministre et la lettre du roi, tout cela paraît être des moyens de gagner du temps pour que les Russes aient celui de réunir leur armée. En s'en rapportant à soi-même, l'Empereur est très porté à ne rien croire de tout cela ; mais on a vu tant de choses extraordinaires, que rien ne doit paraître impossible. Il a donc augmenté son armée d'Allemagne de 100,000 hommes, appelé sa réserve, disposé toutes les troupes de l'intérieur. Il voulait appeler ses deux réserves, mais il ne peut le faire sans un sénatus-consulte, et il faudrait en expliquer les motifs à la nation. Il n'est pas d'usage que la garde et l'Empereur partent sans explication. Cependant, que puis-je opposer aux militaires témoins de l'armement simultané de la Russie et de la Prusse, et qui pressent une décision ? D'un autre côté, si l'Empereur part, je n'augure plus rien de la paix ? Nos publications faites au Sénat, tout sera bien difficile à se raccommoder. Que puis-je rapporter aujourd'hui à l'Empereur. »

Ils vous diront ce qu'ils m'ont dit ; vous les prendrez au mot. « Eh ! leur direz-vous, écrivez-moi cela ; je le porterai à l'Empereur, ce sera une pièce de quelque valeur ; car, enfin, nous ne sommes pas en guerre. » Cet écrit dirait à peu près ceci : « Les soussignés, instruits par le ministre « des relations extérieures que l'Empereur ayant appris « que les préparatifs continuaient en Prusse, après la let« tre satisfaisante du roi, qui lui a été portée par M. de « Knobelsdorff ; que la garnison de Berlin était partie pour « l'armée ; que cependant la Prusse était alors rassurée sur « toute crainte d'invasion de la part de l'armée française ; « que, dès lors, beaucoup de gens étaient fondés à penser « qu'il y avait quelque alliance secrète avec d'autres puis« sances, qui rendait indispensable à l'Empereur de com-

« pléter ses armées par l'appel de ses réserves et de faire
« partir les troupes mêmes qui sont dans sa capitale, démar-
« che qui peut donner une fausse interprétation à la situa-
« tion actuelle des deux Etats, et tendrait à détruire la
« bonne harmonie qui, en substance, n'est pas entière entre
« les deux cours, les soussignés réitèrent à Son Excellence
« que le roi de Prusse n'a d'autres liens que ceux qui l'at-
« tachent à la France; qu'il n'a armé que pour sa sûreté ;
« qu'il est très loin de vouloir commettre aucune hostilité ;
« qu'enfin, si toutes ces assurances ne sont pas propres à
« donner confiance, ils demandent qu'aucune démarche
« d'éclat ne soit faite de la part du gouvernement français
« jusqu'à l'arrivée de la réponse de Berlin. Les soussignés
« se flattent que lorsque Sa Majesté le roi de Prusse con-
« naîtra les dispositions pacifiques et amicales de Sa Ma-
« jesté l'Empereur, il s'empressera de tout faire pour réta-
« blir la bonne harmonie malheureusement altérée. »

Vous leur ferez rédiger quelque chose dans ce sens; le
fond est qu'ils deviennent demandeurs et qu'aucune opération ne soit faite jusqu'à ce que le courrier soit de retour.

Ce second courrier arrivant de Berlin sera suffisant pour
rassurer sur les mouvements de troupes que j'ai faits. Et il
ne restera plus qu'à instruire quelques jours après M. de
Laforêt de ce qu'il doit faire.

LXXXI

Lettres de Bonaparte à Joséphine.

I

A Joséphine, à Milan.

Marimolo, le 29 messidor an IV, 9 heures du soir.

Je reçois ta lettre, mon adorable amie, elle a rempli mon cœur de joie. Je te suis obligé de la peine que tu as prise de me donner de tes nouvelles : ta santé doit être meilleure aujourd'hui. Je suis sûr que tu es guérie. Je t'engage fort à monter à cheval, cela ne peut pas manquer de te faire du bien.

Depuis que je t'ai quittée, j'ai toujours été triste; mon bonheur est d'être près de toi; sans cesse, je repasse dans la mémoire tes baisers, tes larmes, ton aimable jalousie; et les charmes de l'incomparable Joséphine allument sans cesse une flamme vive et brûlante dans mon cœur et dans mes sens. Quand, libre de toute inquiétude, de toute affaire,

pourrai-je passer tous mes instants près de toi, n'avoir qu'à
t'aimer et qu'à penser au bonheur de te le dire et de te le
prouver? Je t'enverrai ton cheval, mais j'espère que tu pourras bientôt me rejoindre. Je croyais t'aimer il y a quelques
jours ; mais depuis que je t'ai quittée, je sens que je t'aime
mille fois plus encore. Depuis que je te connais, je t'adore
tous les jours davantage ; cela prouve combien la maxime de
Labruyère que *l'amour vient tout d'un coup* est fausse.
Tout dans la nature a un cours et différents degrés d'accroissement. Ah! je t'en prie, laisse-moi voir quelques-uns de tes
défauts ; sois moins belle, moins gracieuse, moins tendre,
moins bonne ; surtout ne sois jamais jalouse, ne pleure jamais, tes larmes m'ôtent la raison, brûlent mon sang ; crois
bien qu'il n'est plus en mon pouvoir d'avoir une pensée qui
ne soit à toi et une idée qui ne te soit soumise. Repose-toi
bien, rétablis vite ta santé ; viens me rejoindre, et au moins,
qu'avant de mourir, nous puissions dire : Nous fûmes tant
de jours heureux!! Millions de baisers et même à Fortuné [1]
en dépit de sa méchanceté.

BONAPARTE.

11

A Joséphine, à Milan.

Marimolo. le 30 novembre an IV, 2 heures après-midi.

..... Je reçois une lettre d'Eugène que je t'envoie. Je te prie
d'écrire de ma part à ces aimables enfants ; de leur envoyer
quelques bijoux ; assure-les bien que je les aime comme
mes enfants ; ce qui est à toi ou à moi se confond tellement

1. Petit chien de madame Bonaparte.

dans mon cœur qu'il n'y a aucune différence. Je suis fort inquiet de savoir comment tu te portes, ce que tu fais. J'ai été dans le village de Virgile, sur les bords du lac, au clair argenté de la lune, et pas un instant sans songer à Joséphine.

L'ennemi a fait le 28 une sortie générale, il nous a tué ou blessé 200 hommes; il en a perdu 500 en rentrant avec précipitation.

..... J'ai perdu ma tabatière; je te prie de m'en choisir une, un peu plate, et d'y faire écrire quelque chose de *jolie* dessus avec tes cheveux. Mille baisers aussi brûlants que tu es froide. Amour sans borne et fidélité à toute épreuve. Avant que Joseph ne parte, je désire lui parler.

BONAPARTE.

III

A Joséphine, à Milan.

Marmolo, 1er thermidor an IV.

Il y a deux jours que je suis sans lettre de toi; voilà trente fois aujourd'hui que je me suis fait cette observation; tu sens que cela est bien triste; tu ne peux douter cependant de la tendre et unique sollicitude que tu m'inspires.

Nous avons attaqué hier Mantoue; nous l'avons chauffé avec deux batteries à boulets rouges et des mortiers; toute la nuit cette misérable ville a brûlé; ce spectacle était horrible et imposant.....

J'ai reçu un courrier de Paris; il y avait deux lettres pour toi, je les ai lues; cependant, bien que cette action me

paraisse toute simple, et que tu m'en aies donné la permission
l'autre jour, je crains que cela ne te fâche, et cela m'afflige
bien; j'aurais voulu les recacheter; fi! ce serait une horreur. Si je suis coupable, je te demande grâce; je te jure
que ce n'est pas par jalousie; non certes, j'ai de mon adorable amie une trop grande opinion pour cela. Je voudrais
que tu me donnasses permission entière de lire tes lettres,
avec cela il n'y aurait plus de remords ni de crainte.

Achille arrive en courrier de Milan; pas de lettres de mon
adorable amie. Adieu, mon unique bien. Quand pourras-tu
venir me rejoindre? Je viendrai moi-même te prendre à
Milan.

Mille et mille baisers aussi brûlants que mon cœur, aussi
purs que toi.

Je fais appeler le courrier; il me dit qu'il est passé chez
toi, et que tu lui as dit que tu n'avais rien à lui ordonner.
Fi, méchante, laide, cruelle, tyranne, petit joli monstre, tu
te ris de mes menaces, de mes sottises. Ah! si je pouvais, tu
sais bien, t'enfermer dans mon cœur, je t'y mettrais en
prison.

Apprends-moi que tu es gaie, bien portante et bien
tendre.

BONAPARTE.

IV

A Joséphine, à Milan.

Castiglione, 3 thermidor an IV, 8 h. du matin.

..... Je partirai pour Vérone, et de là j'irai à Mantoue et
peut-être à Milan recevoir un baiser, puisque tu m'assures
qu'ils ne sont point glacés. J'espère que tu seras parfaite-

ment rétablie alors, et que tu pourras m'accompagner à mon quartier-général pour ne plus me quitter. N'es-tu pas l'âme de ma vie et le sentiment de mon cœur ?..... Adieu, belle et bonne, toute non pareille, toute divine. Mille baisers amoureux.

BONAPARTE.

V

A Joséphine, à Milan.

Castiglione, le 4 thermidor an IV.

..... Je crois que tu feras bien d'aller coucher le 6 à Cassano, en partant fort tard de Milan, et de venir le 7 à Brescia, où le plus tendre des amants t'attend. Je suis désespéré que tu *puisse* croire, ma bonne amie, que mon cœur puisse s'ouvrir à d'autres qu'à toi ; il t'appartient par droit de conquête ; et cette conquête sera solide et éternelle. Je ne sais pourquoi tu me parles de Madame T., dont je me soucie fort peu, ainsi que des femmes de Brescia. Quant à tes lettres qu'il te fâche que j'ouvre, celle-ci sera la dernière ; ta lettre n'était pas arrivée..... Aie soin de remettre à l'adjudant général Violes la boîte de médailles qu'il m'écrit t'avoir remise ; les hommes sont si mauvaises langues et si méchants qu'il faut se mettre en garde sur tout.....

Adieu, ma Joséphine, mille tendres baisers.

BONAPARTE.

VI

A Joséphine, à Milan.

Brescia, le 13 fructidor an IV.

J'arrive, mon adorable amie. Ma première pensée est de t'écrire. Ta pensée et ton image ne sont pas sorties un instant de ma mémoire pendant toute la route. Je ne serai tranquille que lorsque j'aurai reçu des lettres de toi ; j'en attends avec impatience. Il n'est pas possible que tu te peignes mon inquiétude ; je t'ai laissée triste, chagrine et demi-malade. Si l'amour le plus profond et le plus tendre pouvait te rendre heureuse, tu devrais l'être. Je suis accablé d'affaires.

Adieu, ma douce Joséphine, aime-moi bien, porte-toi bien, et pense souvent, souvent à moi.

BONAPARTE.

VII

A Joséphine, à Milan.

Brescia, le 14 fructidor an IV.

Je pars à l'instant pour Vérone. J'avais espéré recevoir une lettre de toi ; cela me met dans une inquiétude affreuse. Tu étais un peu malade lors de mon départ ; je t'en prie, ne me laisse pas dans une pareille inquiétude. Tu m'avais promis plus d'exactitude ; ta langue était cependant bien d'accord avec ton cœur. Toi à qui la nature a donné douceur, aménité et tout ce qui plaît, comment peux-tu oublier

16

celui qui t'aime avec tant de chaleur ? Trois jours sans tes lettres ! je t'ai cependant écrit plusieurs fois. L'absence est horrible, les nuits sont longues, ennuyeuses et fades, la journée est monotone. Aujourd'hui, seul avec les pensées, les travaux, les écritures, les hommes et leurs fastueux (?) projets, je n'ai pas même un billet de toi que je puisse presser contre mon cœur..... Pense à moi, vis pour moi, sois souvent avec ton bien-aimé, et crois qu'il n'est pour lui qu'un seul malheur qui l'effraie : ce serait de n'être plus aimé de sa Joséphine. Mille baisers bien doux, bien tendres, bien exclusifs.

BONAPARTE.

VIII

A Joséphine, à Milan.

Vérone, 1er jour complémentaire an IV.

Je t'écris, ma bonne amie, bien souvent et toi peu. Tu es une méchante et une laide, bien laide, autant que tu es légère. Cela est perfide; tromper un pauvre mari, un tendre amant! Doit-il perdre ses droits parce qu'il est loin, chargé de fatigue et de peine? Sans sa Joséphine, sans l'assurance de son amour, que lui reste-t-il sur la terre? Qu'y ferait-il?

Nous avons eu hier une affaire très sanglante; l'ennemi a perdu beaucoup de monde et a été complétement battu; nous lui avons pris le faubourg de Mantoue.

Adieu, adorable Joséphine, une de ces nuits les portes s'ouvriront avec fracas comme un jaloux (*sic*), et me voilà dans tes bras. Mille baisers amoureux.

BONAPARTE.

IX

A Joséphine, à Milan.

Modène, le 26 vendémiaire an V, 9 h. du soir.

J'ai été avant-hier toute la journée en campagne ; j'ai gardé hier le lit. La fièvre et un violent mal de tête, tout cela m'a empêché d'écrire à mon adorable amie ; mais j'ai reçu ses lettres, et la douleur de l'absence, 100 milles d'éloignement ont disparu. Dans ce moment je t'ai vue près de moi, non capricieuse et fâchée, mais douce, tendre, avec cette onction de bonté qui est exclusivement le partage de ma Joséphine. C'était un rêve : juge si cela m'a guéri de la fièvre ! Tes lettres sont froides comme cinquante ans ; elles ressemblent à quinze ans de mariage. L'on y voit l'amitié et les sentiments de cet hiver de la vie. Fi..... Joséphine ! c'est bien méchant, bien mauvais, bien traître à vous. Que vous reste-t-il pour me rendre bien à plaindre ? Ne plus m'aimer ? Eh ! c'est déjà fait. Me haïr ? Eh bien, je le souhaite ; tout avilit hors la haine ; mais l'indifférence au pouls de marbre, à l'œil fixe, à la démarche monotone !...

Mille, mille baisers bien tendres comme mon cœur. Je me porte un peu mieux. Je pars demain. Les Anglais évacuent la Méditerranée. La Corse est à nous. Bonne nouvelle pour la France, pour l'armée et pour nous.

BONAPARTE.

X

A Joséphine, à Milan.

Je ne t'aime plus du tout : au contraire, je te déteste. Tu es une vilaine bien gauche, bien bête, bien Cendrillon. Tu ne m'écris pas du tout ; tu n'aimes pas ton mari. Tu sais le plaisir que tes lettres lui font, et tu ne lui écris pas six lignes jetées au hasard ! Que faites-vous donc toute la journée, madame ? quelle affaire si importante vous ôte le temps d'écrire à votre bien bon amant ? Quelle affection étouffe et met de côté l'amour, le tendre et constant amour que vous lui avez promis ? Quel peut être ce merveilleux, ce nouvel amant qui absorbe tous vos instants, tyrannise vos journées, et vous empêche de vous occuper de votre mari ? Joséphine, prenez-y garde. Une belle nuit, les portes enfoncées, et mè voilà !

En vérité, je suis inquiet, ma bonne amie, de ne pas recevoir de tes nouvelles. Écris-moi vite quatre pages, et de ces aimables choses qui remplissent mon cœur de sentiment et de plaisir. J'espère qu'avant peu je te serrerai dans mes bras et te couvrirai d'un million de baisers brûlants comme sous l'équateur.

BONAPARTE.

XI

A Joséphine, à Gênes.

Milan, le 7 frimaire an V, 3 heures après midi.

J'arrive à Milan, je me précipite dans ton appartement. J'ai tout quitté pour te voir, te presser dans mes bras; tu n'y étais pas. Tu cours les villes avec des fêtes; tu t'éloignes de moi lorsque j'arrive. Tu ne te soucies plus de ton cher Napoléon : un caprice te l'a fait aimer, l'inconstance te le rend indifférent. Accoutumé aux dangers, je sais le remède aux ennuis et aux maux de la vie. Le malheur que j'éprouve est incalculable; j'avais droit de n'y pas compter. Je serai ici jusqu'au 9 dans la journée. Ne te dérange pas. Cours les plaisirs; le bonheur est fait pour toi; le monde entier est trop heureux s'il peut te plaire, et ton mari seul est bien, bien malheureux.

BONAPARTE.

XII

A Joséphine, à Gênes.

Milan, le 8 frimaire an V, 8 heures du soir

..... Tu n'as pas eu le temps de m'écrire, je le sens facilement; environnée de plaisirs et de jeux, tu aurais tort de me faire le moindre sacrifice... Mon intention n'est pas que tu déranges rien à tes calculs, ni aux parties de plaisir; je n'en vaux pas la peine, et le bonheur ou le malheur d'un homme que tu n'aimes pas n'a pas le droit de t'intéresser... Quand j'exige de toi un amour pareil au mien, j'ai tort; pourquoi vouloir que la dentelle pèse autant que l'or?... J'ai tort si la nature ne m'a pas donné les attraits pour te captiver; mais ce que je mérite de la part de Joséphine, ce sont des égards, de l'estime; car je l'aime à la fureur et uniquement... Quand il sera constaté qu'elle ne peut plus aimer, je renfermerai ma douleur profonde, et je me contenterai de lui être utile et bon à quelque chose.

Je rouvre ma lettre pour te donner un baiser... Ah! Joséphine! Joséphine!...

BONAPARTE.

L'ardeur de cet amour tombe peu à peu du jour où Bonaparte est premier Consul. Une fois empereur, l'homme n'est plus qu'aimable, avec des attentions encore pour la beauté de Joséphine; et c'est elle alors qui se plaint d'être oubliée et qui veut aller le rejoindre en Allemagne, en Pologne... Il répond de Posen, 3 décembre:

« Plus on est grand et moins on doit avoir de volonté; l'on dépend des événements et des circonstances..... La chaleur de ta lettre me fait voir que vous autres, jolies femmes, vous ne connaissez pas de barrières; ce que vous voulez doit être; mais moi je me déclare le plus esclave des hommes Mon maître n'a pas d'entrailles; et ce maître est la nature des choses. »

Il la renvoie de Mayence à Paris:

« Il te faudrait un mois pour arriver à Varsovie: tu y

arriverais malade. Ton séjour à Mayence est trop triste.
Paris te réclame. Vas-y; c'est mon désir. Je suis plus con-
trarié que toi. J'eusse aimé à partager les longues nuits de
cette saison avec toi : mais il faut obéir aux circonstances. »

Joséphine écrit qu'elle a peur pour l'avenir :

« Je suis, répond-il, humilié que ma femme puisse se
méfier de mes destinées.

« ..... Si tu pleures toujours, je te croirai sans courage et
sans caractère. Je n'aime pas les lâches. Une impératrice
doit avoir du cœur. »

Il lui écrit d'Erfurt :

« Je suis content de l'empereur Alexandre : il doit l'être
de moi. S'il était femme, je crois que j'en ferais mon amou-
reuse. »

LXXXII

M. Albert Beckmann à l'Impératrice.

Madame,

J'ose adresser à l'inépuisable bonté de Votre Majesté cette très humble supplique. Mon pays natal, le duché d'Aremberg-Neppen, dans l'ancien royaume du Hanovre (actuellement annexé à la Prusse), est plongé dans une affreuse misère. Dans une partie de cette contrée règnent la famine et le typhus comme dans la Prusse orientale, mais le gouvernement ne dirige ses efforts que vers les anciennes provinces, et ce petit coin du Hanovre ne reçoit du secours que de la charité privée.

A Osnabrück, le chef-lieu de ce pays, s'est formé un comité qui fait de grands efforts pour secourir les malheureux habitants des campagnes; il est secondé très efficacement par un comité de dames de la ville parmi lesquelles je nommerai à Votre Majesté Mme Augusta Lodtmann, la baronne de Korf, etc., etc.

Ces dames organisent une loterie et, de tous les points du pays et de l'étranger, on répond à leur appel et on leur envoie des objets plus ou moins précieux.

S. M. la reine de Prusse se trouve déjà parmi les généreuses donatrices. C'est à cette occasion que *les dames d'Osnabrück m'ont chargé de faire cette démarche auprès de Votre Majesté*.

Elles savent qu'un lot accordé par Votre Majesté centuplera l'importance et le rapport de la loterie.

Votre Majesté est vénérée au-delà de toute expression dans ce coin de l'Allemagne du Nord, dont les habitants sont la plupart catholiques. Surtout depuis l'immortel voyage d'Amiens, le nom de l'impératrice Eugénie y est le symbole de la grande charité chrétienne; le portrait de Votre Majesté est dans toutes les mains, les mères et les prêtres apprennent aux enfants le nom de l'Impératrice de France.

La nouvelle que Votre Majesté daigne s'intéresser à la loterie de charité d'Osnabrück produirait un effet immense qui, j'ose le dire, serait d'une très grande portée.

Je supplie donc Votre Majesté d'avoir égard à ma demande.

La loterie doit être tirée à la fin de ce mois; on prépare déjà l'exposition des lots.

Je suis, Madame, avec le plus profond respect,
de Votre Majesté,
le très humble et très dévoué serviteur,

Albert Beckmann,
Homme de lettres allemand.
31, avenue Trudaine.

Paris, ce 2 mars 1865.

LXXXIII

M. l'abbé Girard à l'Empereur.

Lorry-devant-le-Pont, le 28 juillet 1870.

Sire,

Je voudrais que sur le point de vous mettre à la tête de notre héroïque armée, vous puissiez, comme moi, lire dans les cœurs de nos populations des campagnes l'ardeur dont elles sont animées, le courage avec lequel elles vous confient leurs enfants, pour que vous les conduisiez à la défense de l'honneur français; les vœux qu'elles forment pour le succès de nos armes doubleraient, si c'est possible, votre confiance. Et nous-mêmes nous avons confiance, ayant déjà pour nous la plus vaillante des armées, commandée par le vainqueur de Solferino, et combattant pour l'honneur et la justice; il faudra bien que Dieu se range de notre côté.

Oui, Sire, je suis si certain que le Prince Impérial, notre espoir, fera dans cette campagne, et sous vos ordres, l'apprentissage de la victoire, que j'ose vous demander d'avance pour ma pauvre paroisse de Lorry-devant-le-Pont le nombre de canons prussiens suffisant pour lui faire une sonnerie de trois cloches, dont la distance entre le village et l'église lui fait un si grand besoin.

Ce serait une sorte de réparation que, dans notre Lorraine si française, et sur laquelle nos ambitieux voisins jettent un regard de convoitise, l'airain de nos ennemis sonnât quelque part l'honneur national vengé.

Vive l'Empereur ! vive le Prince Impérial ! vive la France !

J'ai l'honneur d'être,

Sire,

de Votre Majesté,

le très humble et très dévoué sujet,

GIRARD,

curé de Lorry-devant-le-Pont,

(Moselle).

LXXXIV

Anselme Petetin à l'Empereur, après la déclaration de guerre à la Prusse.

Anselme Petetin, retenu par ses devoirs quotidiens, n'a pu venir plus tôt tenter de présenter à l'Empereur ses respectueuses félicitations et ses souhaits ardents.

Il n'est pas de ceux qui croient que c'est une résolution trop *hâtive* qui a été prise. — Peut-être la mémoire de l'Empereur suffit-elle à l'en convaincre.

Anselme Petetin éprouve un profond chagrin de n'avoir à offrir dans cette occurrence décisive qu'un dévouement sans limite, mais malheureusement stérile.

ANSELME PETETIN.

17 juillet 1870.

LXXXV

M. de Maupas à M. Clément Duvernois.

9 juillet 1869, château de Vaux, par Fouchère (Aube).

Mon cher Monsieur,

Je vous aurais félicité de votre succès électoral, si de tristes préoccupations de famille, qui se sont dénouées par un deuil, n'avaient mis en retard ma correspondance. Je vous envoie mon compliment tardif; mais ce dont je vous félicite surtout, c'est de votre article d'aujourd'hui, dans le *Peuple français*. Vous avez résumé là, en quelques mots, et avec un rare talent de précision, le programme vrai de l'Empire libéral. Dans votre troisième paragraphe, tous les mots portent, chaque phrase est une sentence, le nœud de la situation, la solution de la crise sont admirablement indiqués.

Vos idées sont-elles partagées en haut lieu? Je ne vous le demande point; mais je le souhaite et je l'espère ardemment.

Je vois bien, dans votre excellent article, poindre une certaine réserve à l'endroit de la responsabilité ministérielle,

mais il faut savoir se contenter du fait, sans se montrer
trop exigeant sur les mots. Le terrain de conciliation sur
lequel vous conviez les sages esprits, doit être saisi avec
empressement par les vrais amis de l'Empereur.

Nous sommes évidemment dans un moment grave : mais
ce que vous appelez, à juste titre, la crise, n'a rien à mes
yeux qui doive nous alarmer : l'Empire autoritaire était vi-
siblement arrivé à ses dernières heures : je l'avais, pour ma
part, dit à la tribune et écrit à l'Empereur. L'Empire libéral va devenir la base inébranlable de la dynastie Napo-
léonienne. Nous commençons une ère nouvelle et il faudrait
être aveugle pour ne pas avoir foi dans sa grandeur.

Veuillez trouver ici, mon cher Monsieur, la nouvelle assurance de tous mes sentiments affectueux et distingués.

De Maupas.

LXXXVI

Lettre de M. S. à M. ***.

Paris, le 10 novembre 1869.

Monsieur,

J'ai l'honneur de vous exposer qu'en décembre dernier M. le comte E. de V. me pria, en sa qualité de mandataire de madame la princesse de ‴, de lui procurer un capital de 60 millions, nécessaire à la construction du chemin de fer de Tours à Montluçon dont la concession, m'affirmait-il, était *formellement promise* à la famille de ‴ par *S. M. l'Empereur*, et sur ma demande de me donner cette affirmation avant le 20 décembre, il m'écrit (je copie) :

« S. M. l'Empereur veut bien donner la concession de ce « chemin à madame veuve la princesse ... en souvenir des « services rendus par les parents de cette dame et par ceux « de feu son mari.

« A cet effet sont avertis MM. le duc de Bassano, premier « chambellan de l'Empereur ; Franqueville, secrétaire gé-

« néral, conseiller d'Etat, directeur général des chemins de
« fer en France.

« Inutile, Monsieur, de vous dire que ces messieurs *attes-*
« *teront le fait dont il s'agit.*

« Il serait toujours convenable, eu égard à cette situation,
« d'apporter dans ces investigations la prudence et la dis-
« crétion la plus grande. »

Muni de cette lettre et étant convenu que la concession
serait payée *un million de francs*, j'avais réuni le capital
sans difficulté, sous la condition que la subvention serait de
vingt-quatre millions au lieu de vingt millions votés par la
loi de juin 1868 ; mais lorsque je fis connaître à M. de V.
que j'avais trouvé le capital, il me répondit qu'il avait, lui
aussi, le capital à de meilleures conditions.

En effet, il avait traité avec M. L., qui promit le capital
et deux millions pour la concession, dont un pour la princesse et l'autre pour M. de V.

M. L. n'ayant pu réussir à réunir le capital, M. de V.
revint à moi me prier de fournir les deux tiers du capital,
soit 40 millions, à M. L. Me renseignant sur la moralité et
la solvabilité de M. L., j'appris qu'en 1857 il avait fait fail-
lite, mais qu'il avait fait depuis des opérations fructueuses
au nom de madame L., sans se préoccuper de ses créanciers
le moindre (*sic*) du monde ; je crus de mon devoir de refuser
de traiter avec madame L.

L. n'ayant pu faire le capital, M. de V. me proposa de
nouveau l'affaire fin février. Il exigea deux millions pour
la concession ; il prétendait que le gouvernement ne voulait
plus donner qu'une subvention de vingt-trois millions de
francs ; les financiers devaient s'en contenter, ce qui cons-
tituait une différence de deux millions, un million de subvention de moins et un million de plus pour la concession.

Enfin, le 8 mars de cette année, j'informai M. de V. que j'aurais le capital pour Tours et Montluçon aux conditions indiquées par lui, et que je le priais de me donner une lettre d'introduction de madame la princesse pour M. le duc de Bassano, pour dire et déclarer qu'il était à sa connaissance que l'Empereur voulait bien faire donner la concession du chemin de fer de Tours à Montluçon dans l'intérêt de la famille de ···.

Cette promesse, faite par M. de V., ne fut pas remplie au commencement de juin dernier.

MM. de C. et de P. me promirent de faire donner ladite concession, et sur cette promesse je fis avec eux une convention par laquelle je leur assurai un million de francs en cas de succès, en stipulant aussi un million de francs pour les enfants du prince de ···.

Vu l'impuissance de ces messieurs, nous avons annulé notre convention, de manière que je suis aujourd'hui entièrement libre.

Je prends la liberté de vous demander s'il ne vous conviendrait pas de faire en sorte d'obtenir cette concession, concession que je suis autorisé à payer *deux millions de francs*. Si vous désirez, Monsieur, causer de cette affaire, faites-moi, je vous prie, savoir où et quand nous pourrons en parler.

En attendant la faveur d'un mot de réponse, recevez, Monsieur, l'assurance de ma parfaite considération.

S.

LXXXVII

Le cabinet noir en Angleterre.

Extrait d'un rapport sur l'organisation du Fénianisme, envoyé à M. Conti par M. Vandal.

CABINET DU CONSEILLER D'ÉTAT
Directeur-général des Postes

Voici, mon cher collègue, l'extrait du document dont je vous parlais ce matin.

Voyez s'il est de nature à mériter d'être mis sous les yeux de l'Empereur. Je regrette de ne l'avoir pas eu l'an dernier, lorsqu'on faisait tant de tapage au sujet d'une prétendue violation du secret des lettres.

Votre sincèrement dévoué,

VANDAL.

Mardi, 11.

Extrait d'un rapport sur l'organisation du Fénianisme, transmis par l'ambassadeur de Sa Majesté, à Londres, et communiqué le 27 janvier 1868 à M. le ministre de l'intérieur par M. le ministre des affaires étrangères :

. . . .

Le gouvernement a des soupçons relativement à la complicité de la ligue de réforme électorale avec le Fénianisme. La police a fait interdire à plusieurs public-houses de recevoir dans leurs tavernes les sections réformistes de Holborn, de Chelsea et de Saint-Luke qui s'y donnaient rendez-vous.

Le gouvernement est arrivé à se procurer des renseignements précis sur les ramifications et les menées du Fénianisme, et voici comment :

Dans tous les meetings, dans toutes les processions organisées pour manifester des opinions et voter des résolutions favorables à l'Irlande et aux fénians, la police a obtenu les noms des agitateurs principaux. Ces noms ont été ensuite communiqués au ministre de l'Intérieur.

M. Jasthorn Hardy, secrétaire d'État au département de l'Intérieur, a tout simplement signé un nombre considérable de warrants, en vertu desquels les agents chargés de l'ouverture des lettres dans un des bureaux de la direction générale des postes, ont été autorisés à prendre connaissance de toutes les lettres, missions ou communications échangées entre des personnes suspectes et *spécialement désignées*. Ces agents ont des sous-agents dans toutes les grandes villes du Royaume-Uni.

Le droit d'ouvrir les lettres appartient au gouvernement en vertu d'un acte du Parlement, mais il faut un warrant spécial, signé par le ministre de l'Intérieur et donnant les nom et prénoms de l'individu dont on doit ouvrir les lettres. Ces lettres sont saisies par les autorités postales et envoyées au cabinet où elles sont examinées. Si elles contiennent quelque chose de suspect, elles sont expédiées à sir

Richard Mayne, qui en informe le ministre de l'Intérieur. Le cabinet noir est placé sous la direction d'un agent fort habile, M. Kany. Les bureaux sont à Saint-Martin-le-Grand.

Le gouvernement emploie tous les moyens pour étouffer la rébellion féniane, et l'empressement avec lequel se sont faits les enrôlements des constables prouve que l'opinion publique est avec lui.

LXXXVIII

Lettre de la main de l'Empereur.

Monsieur, (?)

J'ai reçu les deux lettres que vous m'avez adressées. Il n'est jamais entré dans ma pensée de donner à mes ministres à Turin des recommandations qui eussent pu vous être désagréables. M. de Malaret a l'ordre de se conformer en tout aux usages de la cour et du corps diplomatique de Turin, et d'éviter tout ce qui pourrait faire croire à un sentiment peu bienveillant de ma part à votre égard.

LXXXIX

Une séance du Conseil des Ministres.

Procès-verbal de la séance du 14 mai 1859.

Les membres du conseil privé et du conseil des ministres se sont réunis le 14 mai 1859, aux Tuileries, sous la présidence de S. M. l'Impératrice.

S. A. I. le prince Jérôme assistait à cette séance.

A l'ouverture du conseil, S. M. l'Impératrice fait introduire le préfet de la Seine pour donner quelques explications sur le projet de loi relatif à l'extension des limites de la ville de Paris.

Avant la discussion, le ministre d'Etat demande à S. M. l'Impératrice d'autoriser l'envoi au Corps législatif d'une disposition additionnelle au budget relative à la caisse des travaux publics de la ville de Paris.

Cette disposition, adoptée par le conseil d'Etat, a eu l'adhésion du préfet de la Seine et sera probablement acceptée par la commission du budget; l'Impératrice signe le décret de renvoi.

Le préfet de la Seine donne des explications sur les avantages qu'il voit à étendre jusqu'au delà de la zone des servitudes militaires la limite de l'octroi de Paris. Il explique comment, sans nouvelle enceinte, cette zone pourrait être soumise à l'octroi et successivement affranchie des constructions qu'elle renferme. Le conseil municipal de Paris serait disposé à entrer dans les sacrifices que demanderaient les acquisitions nécessaires pour faire de cette zone une promenade publique. Si l'on tarde à faire ces acquisitions, ou si on laisse cette zone en dehors des limites de l'octroi, il est à craindre que la valeur de ces propriétés ne s'élève promptement de manière à rendre l'opération impossible.

Le président du conseil d'Etat développe les motifs qui ont déterminé le conseil d'Etat à ne pas approuver cette proposition du préfet. Il les a exposés à l'Empereur qui en a reconnu la justesse. Dans la séance d'hier de la commission du Corps législatif, M. Baroche a éprouvé la même opposition ; il ne lui semblerait pas d'ailleurs possible de présenter à ce sujet une disposition nouvelle, sans un délai qui entraînerait une prolongation de la session.

Le président du Corps législatif croit que la commission est disposée à accepter ce que le gouvernement jugera préférable.

Une discussion s'engage dans laquelle le ministre de la guerre, le ministre des finances et le ministre des travaux publics combattent l'avis du préfet.

L'Impératrice ne croit pas possible de modifier la loi soumise au Corps législatif et décide qu'il ne sera pas donné suite à l'opinion du préfet de la Seine. Ce dernier demande que l'Impératrice veuille bien se souvenir de l'importance qu'il attache à la mesure qu'il a cru devoir proposer.

Le président du sénat appelle l'attention de S. M. l'Impératrice sur la nécessité de tenir les présidents des grands corps au courant des nouvelles importantes qui surviendraient. C'est à eux que s'adressent les sénateurs, les députés et les conseillers d'Etat, et il leur est fort pénible de n'être informés souvent qu'après le public d'événements qui ont un grand intérêt. L'ordre du jour de l'Empereur à l'armée a été affiché sur les murs de Paris, avant qu'aucun membre du conseil privé en eût eu connaissance.

L'Impératrice explique comment, par un malentendu, cette publication a été faite prématurément. A l'avenir les ministres de l'intérieur, de la guerre et des affaires étrangères feront connaître à leurs collègues et aux membres du conseil privé les nouvelles importantes.

S. A. I. le prince Jérôme dit que, depuis quelques jours, il se fait dans Paris des mouvements de troupes, tant dans l'armée que dans la garde nationale. Son Altesse Impériale désire savoir si ces mouvements et ces revues ont lieu par ordre du ministre de la guerre et du ministre de l'intérieur. Le conseil aurait dû en être informé. Le prince craint que l'on inquiète ainsi la population sans nécessité.

Le ministre de la guerre et le ministre de l'intérieur répondent qu'ils connaissaient les dispositions prises par le commandant en chef de l'armée et le général en chef de la garde nationale. Il n'y a là que la reproduction de ce qui se fait tous les ans à pareille époque.

L'Impératrice a reçu des plaintes sur le livre de M. About, intitulé : *la Question Romaine*. Sa Majesté ne le connaît pas, mais craint qu'il ne soit la cause d'un scandale regrettable. Le garde des sceaux, le ministre de l'intérieur et le ministre des affaires étrangères entrent dans quelques explications. Le garde des sceaux a été informé, hier, que le parquet jugeait nécessaire de saisir cet ouvrage et de poursuivre son auteur. Le ministre d'Etat et le ministre de l'intérieur font observer que le livre de M. About a été imprimé et publié à l'étranger. Le gouvernement n'a pas d'autre moyen de répression que la saisie et la poursuite. L'instruction fera apprécier s'il y a lieu d'avoir recours à ce second moyen.

Le ministre des travaux publics profite de la présence du cardinal-archevêque de Paris pour lui demander s'il est vrai que dans certaines églises de Paris on dise des prières pour nos soldats et pour la France, sans en dire pour l'Empereur. Cette omission regrettable ne s'est peut-être produite que dans un petit nombre d'églises. Son Eminence répond que l'esprit du clergé parisien est excellent, et que si un semblable oubli a eu lieu, il ne se présentera plus à l'avenir.

Le ministre des finances donne quelques explications sur la marche de l'emprunt dont le résultat promet d'être très satisfaisant.

Le ministre des affaires étrangères fait connaître la démission du comte Buol, ministre des affaires étrangères d'Autriche, et son remplacement par M. de Rechberg. Il entre à cette occasion dans quelques développements sur l'état des esprits en Allemagne et en Prusse. La situation lui semble grave et nécessite à la fois une grande prudence et une grande vigilance.

S. M. l'Impératrice renouvelle aux ministres de la guerre et de l'intérieur les recommandations qui leur ont été faites à ce sujet dans le conseil.

XC

M. N. Hausmann [1] *au docteur Conneau.*

Monsieur et bien cher docteur,

Veuillez me permettre de vous rappeler, ainsi que vous m'y avez autorisé, que voici l'époque où se fait sentir le besoin du complément de la somme dont l'Empereur, grâce à votre bonne et puissante intervention, a daigné disposer en ma faveur.

Excusez mon importunité à laquelle une nécessité pressante me contraint.

Agréez, je vous prie, la nouvelle expression de mes sentiments de reconnaissance et de haute considération.

N. HAUSMANN.

Le 12 février 1858.

1. Qui est ce M. Hausmann ?

XCI

Lettre de M. Hartmann à l'Empereur.

En tête :
Refus et note. — Argent.

—

Sire,

Vos souvenirs de la rue de Verneuil ne sont pas *passé*.
J'ai besoin de vous maintenant. Donnez-moi rendez-vous,

Votre très humble et respectueux serviteur,

HARTMANN,

11, rue Beaurepaire.

Paris, le 10 juillet 1863.

XCII

*Lettre du prince Lucien Bonaparte à M. le comte
de Survilliers (le roi Joseph).*

Londres, 31 décembre 1837, à 9 heures du soir.

Mon cher frère,

A peine m'avez-vous quitté, que j'ai mieux réfléchi au
projet de Strasbourg, et quoi que je reconnais *(sic)* que
c'est le moins mauvais pour l'Europe, je pense que c'est
une faute de rejeter sur le continent des têtes aussi folles.

Je reviens donc à mon premier projet, et j'ai remis à
Christine [1] ma réponse pour Antoine [2]. Je m'empresse de
vous écrire pour que vous ne lui laissiez pas l'espoir d'être
reçu par moi, à moins qu'il ne retourne en Amérique; s'il
reste en Europe, je ne veux avoir plus rien de commun
avec lui et il n'aura à espérer que sa pension de 50 pounds.

1. Lady Dudley Stuart, fille de Lucien.
2. Fils de Lucien et frère de Pierre Bonaparte.

Ce parti me semble le seul convenable, d'autant plus qu'il servira pour Pierre; autrement, dans peu de jours, Pierre voudra aussi aller sur le continent, ce qui me déplairait souverainement; quelque chose me dit qu'il finirait par une catastrophe.

Je vous prie, si Antoine refuse de retourner en Amérique, fermez votre porte; cette rigueur le décidera peut-être. Sinon, il faut se laver les mains de leur avenir : au moins ils resteront sur le continent malgré nous.

Je remplis un triste devoir en vous écrivant ceci : Si Antoine retourne, le partage ayant lieu, je lui assure pour 1838 sa pension supplémentaire; autrement, qu'il n'y compte pas et qu'il ne cherche pas à me voir.

Je vous embrasse, votre affectionné,

LUCIEN.

XCIII

Lettre de Christine Dudley Stuart, fille de Lucien, à son oncle le roi Joseph.

Londres, dimanche, 16 juillet 1837.

Mon cher oncle, hier mon frère Pierre est arrivé à Londres. Il donne pour raison qu'il craint le climat de la Nouvelle-Orléans, qu'il ne veut pas y aller. Je suis au désespoir de le voir à Londres; son malheur a un caractère si terrible que c'est une honte à supporter de le voir là et dans la bouche de tout le monde.

Il n'a pas la moindre idée d'avoir mal agi et parle de faire imprimer une justification de l'histoire de Canino. Il parle de retourner en Italie; enfin, je crois que si papa et vous ne le voyez pas, il fera quelque coup de sa tête.

Dudley a quitté Londres sans le voir; il m'a permis de mauvaise grâce de recevoir mon frère à partager mon dîner; mais c'est tout et je ne puis rien d'autre pour lui.

Il est sans le sou et loge à Jannais' Hôtel. Mon cousin Louis lui a prêté quelque chose.

Mon cher oncle, écrivez à mon père et employez votre bonté et votre volonté, ainsi que mon père, pour décider Pierre à quelque chose de raisonnable. Ses discours sont d'un enfant de trois ans.

Je suis souffrante et plus triste que je ne puis vous l'exprimer. Les grands parents quittent Londres, et je reste moi à me trouver à combattre contre mon mari, contre le monde, pour ceux de ma famille qui devraient être reçus, grondés, conduits par vous et mon père. Je n'ai pas le cœur de fermer ma porte aux miens, et je n'ai pas de force pour les voir, sans être malade.

Estherazy m'a dit qu'on avait refusé les passeports à mon cousin Louis pour aller voir sa mère. Mon cousin paraît très peiné de ne pas vous voir, il dit que jamais il n'a rien fait contre vous ou son père. Enfin, il vous a écrit lui-même. Il parle raison, et pour lui c'est un malheur de ne pas vous voir, ni mon père, mais il peut se passer de vous; mais mon frère, c'est impossible et il déraisonne. Je crains tout de sa part. Sa position est terrible et pour lui et pour nous tous. Venez ainsi que mon père le décider à retourner en Amérique, ou je crains quelque coup de tête qui portera encore le cachet de son caractère indomptable et entier.

J'écris à mon père et je voudrais qu'il songe, que si c'est plus agréable pour lui de ne pas voir Pierre, c'est risquer quelque catastrophe. Vous aussi, mon oncle, soyez un père pour ce malheureux dans ce moment. Le laisser seul à Londres sans conseils, avec sa tête, sans argent! ce n'est pas un caractère comme Antoine. Encore dernièrement, en Amérique, il a été devant les juges pour un chien à qui il a donné un coup de couteau. Il est toujours armé, et dans ce pays, il n'est plus en Italie. Hier, il a parlé de se tuer, de retourner dans les États du Pape, d'aller en France, en Espagne, enfin des affreuses folies et toujours enchanté de lui-même, parlant comme un bravo.

Pardon de cette longue lettre, mais si je vous écris tous ces détails, c'est dans l'espérance que vous verrez la nécessité que mon père et vous donniez des avis à Pierre et des ordres.

Je vous baise les mains, et suis votre respectueuse et affectionnée nièce,

Christine DUDLEY STUART.

XCIV

De la même au même.

Mon cher oncle,

Je vous dois bien des remerciements pour votre lettre et pour votre bonté pour mon frère; si vous aviez pu voir sa reconnaissance et les vœux qu'il faisait pour pouvoir un jour vous remercier de vive voix! Pour le moment nous sommes bien, grâce à vous. J'espère que papa ou la mère de mon frère lui enverront la pension. Il dîne avec moi tous les jours et je passe toutes mes soirées avec lui. Mon chagrin, c'est que Dudley n'est pas ce que je voudrais pour lui, mais il l'a reçu une fois et, d'après ce que papa a dit à Dudley, je ne puis demander plus de lui et me trouve heureuse qu'il me permette de passer mon temps avec Pierre. Plus je vois mon frère, plus je suis persuadée qu'avec un peu de douceur, de conseils, il serait ce que nous désirons; mais malheurs après malheurs, cela rend le caractère méchant malgré soi.

18

Je serais heureuse d'avoir la certitude de vous revoir vite à Londres ; je puis vous répondre que si Pierre est ici, il ne fera aucune démarche pour vous voir, malgré le désir qu'il a de vous exprimer sa reconnaissance. Il paraît, d'après les rapports que j'ai, que son renvoi de Corfou n'est pas par suite de l'affaire d'Albanie, mais à cause que les réfugiés, qui sont en bon nombre à Corfou, lui témoignaient trop de dévouement et qu'il était toujours entouré des réfugiés qui voulaient par leur présence lui prouver leur amitié et qui ont été cause de la peur du gouvernement, qu'un jour ou l'autre il ne fasse une descente en Italie.

Je ne suis pas rassurée ici ; à Londres, il y a des chefs de sociétés secrètes, et *ils ont été tous voir mon frère.*

Je crois que sans les 60 livres que vous avez envoyées, le désespoir aurait pu le porter à tout risquer. Dieu nous préserve de pareils projets ! sa vie serait sacrifiée, et la famille perdue en Italie ! Je vois que l'idée de se venger des indignes prêtres qui l'ont condamné, est un de ses rêves favoris et qu'il compte sa tête pour rien, surtout si sa famille l'abandonne. Je ne parle pas pour l'intérêt de mon frère Pierre, mais dans l'intérêt de toute notre famille. Je crois que papa devrait lui pardonner et l'aider plus que les autres, car je ne puis me dissimuler que d'un jour à l'autre il pourrait entreprendre des choses folles et dont nous aurions à craindre les suites. Pour le moment il est tranquille, à moins qu'il ne me cache ses projets. Je lui donne autant de temps que je puis et des avis ; mais si la vengeance d'un côté et les flatteries des sociétés de l'autre l'emportent, je ne puis que pleurer.

Je vous écris mes craintes, car je crois que la bonté de votre part et de celle de papa pourrait prévenir les malheurs. Ensuite je dois vous écrire, car je ne le puis à papa

(je crains que nos lettres ne soient ouvertes à l'étranger),
que Régina et un attaché d'Autriche m'ont prévenue que les
gouvernements d'Italie sont prévenus que 500 ou 600 de la
société *la Jeune Italie* vont faire une descente en Italie ;
que les Corses les joindront ; que les gouvernements les lais-
seront aller pour les prendre et en délivrer la terre. Ces
messieurs m'ont dit que si je ne voulais pas prévenir vous,
mon oncle, et mon père, ils le feraient eux-mêmes ; que la
famille doit empêcher mes frères de se mêler à cette entre-
prise ; que si l'un d'eux était pris les armes à la main, toute
la famille sera bannie de l'Italie. Je ne sais comment faire
parvenir ces avis à mon père, et je ne vois que la bonté, les
conseils et la certitude d'avoir de quoi vivre qui pourront
avoir de l'empire sur Pierre. J'ai dit à ces messieurs que je
ne voulais pas me charger de vous écrire et que je ferais
mon possible pour prévenir mon père...

Lady Morgan m'a dit avoir reçu une lettre de Calais, de
sa belle-sœur, qui lui disait qu'elle avait fait la traversée de
Douvres à Calais avec mon père, et qu'il était avec sa nièce,
une grande belle femme qui ressemble beaucoup à la famille
et qui avait tous les soins possibles pour papa. La femme de
chambre a dit que la nièce était fille de l'Empereur, etc.,
etc. Je ne puis comprendre comment papa a été à Calais, il
m'a écrit d'Ostende.

Un monsieur de Montauban, qui est à Londres, a dit que
mon cousin Louis avait refusé de se mettre de ce mouvement de la *Jeune Italie* ; qu'il avait reçu des propositions
pour être à sa tête.....

Je fais ce que je puis pour Pierre, pour lui prouver qu'il
doit vivre tranquille ; mais un mot de vous, de tendresse,
aurait plus d'empire que tout ce que je puis lui dire.

Lorsque je parle raison à Pierre, il me répond : « Ma famille ne m'aime pas et je n'ai pas d'avenir. Par mon séjour à Londres, je vous gêne. Ce que j'ai de mieux à faire, c'est de risquer ma vie pour me venger. »

Ensuite, il n'a pas le moindre remords des malheureuses histoires de sa vie. Il les trouve belles, justes, grandes, et n'a pas de remords d'avoir tué des hommes.

Il dit que ce sont des grands coquins qu'il a bien fait de tuer, et que, s'il ne l'avait pas fait, il aurait été assassiné lui-même.

Christine DUDLEY STUART.

XCV

Analyse de quelques documents.

I

Rapport de M. Delangle sur la question des titres nobi-
liaires, qui, en 1865, fut fort agitée dans le conseil
privé.

M. Delangle conclut à peu près comme M. Magne (V. 1er volume des *Papiers*, p. 398) :

« Pas de monarchie sans noblesse. L'Empereur doit créer
des titres héréditaires, appliqués à la fonction, mais sans
substitutions ni majorats. »

II

Note de M. Drouyn de Lhuys à l'Empereur sur la situation
précaire de l'Espagne (18 octobre 1854.)

Dans le cas d'une révolution en Espagne, quel serait le
candidat du gouvernement français entre :

La duchesse de Montpensier,

La République,

Le roi de Portugal avec l'Union ibérique,

Un prince étranger,

Le comte de Montémolin ?

C'est le comte de Montémolin qui, sur les conclusions de M. Drouyn de Lhuys, devrait avoir les préférences de la France.

On sait que l'Empereur, traitant la même question après le renversement d'Isabelle, tenait pour le prince des Asturies sous une régence. (V. *Papiers et correspondance de la famille impériale*, 18ᵉ livraison, p. 39.)

III

Discours de Mgr Sibour, archevêque de Paris.

Ce discours, envoyé au prince-président en 1852, devait être prononcé au Sénat pendant la délibération sur le rétablissement de l'Empire. Il ne le fut pas pour « des raisons de haute convenance. »

Il proposait en effet de rétablir le titre d'Empereur, mais en conservant le nom de République. Cette combinaison paraissait à M. l'archevêque de Paris le comble de la sagesse politique et de l'honnêteté :

« Que pourraient tenter en effet les plus farouches républicains contre le gouvernement d'un empereur héréditaire qui leur opposerait ceci : Vous êtes en République ? »

IV

Rapport sur M. X., directeur de la Roquette (prison des enfants.)

M. X., dit le rapport, fait fabriquer des accordéons par les jeunes détenus, qui lui produisent ainsi de bon argent.

Aussi a-t-il soin de donner aux meilleurs ouvriers des *bons de punition* afin de les garder plus longtemps.

Quand, malgré cette précaution, les enfants lui échappent, il les fait travailler pour lui en ville, et les pousse à quelque délit jusqu'à ce qu'il les ait réintégrés en prison.

Le rapport ajoute :

Les enfants, à la Roquette, dépendent absolument des gardiens qui font d'eux ce qu'ils veulent.

V

Chapitre premier d'un feuilleton fourni par le cabinet de l'Empereur.

M. Rossignol, lieutenant de la garde nationale en janvier 1848, propriétaire du magasin des *Denrées coloniales*, est une CAPACITÉ. Il s'occupe de politique, est beau parleur, n'est jamais chez lui. Il laisse péricliter sa maison. On devine à peu près qu'il serait ruiné en février, si la Providence n'avait mis auprès de lui et de sa fille un premier commis qui n'est pas une capacité, qui ne parle jamais, surtout de politique, et se tient dur comme fer à ses fonctions dans le magasin des *Denrées coloniales*.

L'œuvre est tout à fait enfantine. M. Rossignol a-t-il précédé ou suivi *M. Benoit*, un projet de roman de la main de l'Empereur publié par la Commission?

L'Empereur raillait le bourgeois. Il n'aimait pas Benoit et Rossignol qui l'ont cependant, pour une bonne part, maintenu aux Tuileries pendant vingt ans.

VI

Projet éventuel d'une réorganisation de l'Europe présenté et arrêté dans le conseil du roi Charles X, septembre 1829.

M. de Polignac présente le projet au moment de la guerre entre la Russie et la Turquie :

Alliance continentale contre l'Angleterre. Alliance intime de la Russie et de la France. Royaume chrétien à Constantinople.

A la France : la Belgique et Landau. Les provinces rhénanes érigées en royaume sous un prince néerlandais.

A la Russie : les provinces moldo-valaques et le tiers de l'Asie-Mineure (2 millions d'habitants) et plus, s'il le faut, dans le même sens territorial.

A l'Autriche : la Servie et la Bosnie.

A la Prusse : la Hollande et la Saxe-Royale.

A l'Angleterre : toutes les colonies hollandaises.

A la Saxe : le territoire entre le Rhin et le Mein.

Le roi de Hollande sur le trône de Constantinople avec le titre de roi de Grèce.

Les Turcs refoulés en Asie et en Afrique seraient recueillis par le pacha d'Egypte.

La paix d'Andrinople se fit avant l'ouverture des pourparlers sur ce projet qui ne fut pas même communiqué à la Russie.

FIN

TABLE DES MATIÈRES

FIN

www.ingramcontent.com/pod-product-compliance
Lightning Source LLC
Chambersburg PA
CBHW052005020726
47501CB00004B/1008